하나님의 음성을
그대로!

길과 이끄심

신보은 지음

신임 받은 왕의 신하들
은 쟁반에 금 사과
내 마음의 Star
시는 날개를 타고

엘맨
하나님의 사랑을 만들어 가는 ELMAN

하나님의 음성을 그대로!

길과 이끄심

초판1쇄   2022년 11월 4일
지은이   신보은
펴낸이   이규종
펴낸곳   엘맨출판사
등록번호   제13-1562호(1985.10.29.)
등록된곳   서울시 마포구 토정로 222
          한국출판콘텐츠센터 422-3
전화   (02) 323-4060, 6401-7004
팩스   (02) 323-6416
이메일   elman1985@hanmail.net
          www.elman.kr

ISBN   978-89-5515-052-0 03230

값 14,000 원

하나님의 음성을
그대로!

길과 이끄심

신보은 지음

신임 받은 왕의 신하들
은 쟁반에 금 사과
내 마음의 Star
시는 날개를 타고

 엘맨
하나님의 사람을 만들어 가는 ELMAN

목차

제3장 내 마음의 Star (스타) / 155

길과 이끄심

머리말

인생은 칠십이요 강건하면 팔십이라는 말씀이 있다(시 90:10).

세월은 신속히 지나 인생의 연수가 끝날 때가 온다. 그러면 사람들은 그 후의 인생을 설계하며 살아가야 한다. 영, 혼, 육은 반드시 분리되며 썩어진 육은 다시 신령한 몸을 입을 때가 있다. 그때는 주안에 있는 자들이 부활할 때다. 여기에 이 모든 사실을 자세히 담아 전한다.

저마다 보험을 들어 다가올 환난을 대비하는 것처럼, 누구나 이 책을 읽고 영원한 생명을 위한 보험을 들기를 원한다. 그 보험은 값이 너무 크므로 값으로 계산하지 않는다. 다만 예수 앞에 나와 죄를 회개하고, 새사람을 입어 천국의 시민권자로, 하나님을 예배하며 살아가면 된다.

이 땅에서도 천국이 이미 임했다. 마음에 성령이 임한 자는 천국을 받은 자이다. 그러나 이 땅은 아직 사탄의 영향으로 온전하고 아름다운 천국을 보지 못한다. 사도 바울은 삼층층 하늘에 올라 사람이 가히 이르지 못할 말을 들었다고 기록하고 있다(고후 12:4). 실상 이 땅에서는 진짜 천국을 사람의 말로 표현할 수 없는 것이다. 그토록 아름답고 영광스런 천국을 가보고 싶지 않은가? 많은 사람들이 예수를 믿고 천국에 먼저

와 기다리고 있다. 그러니 정신을 차리고 내세의 보험을 들기를 원한다.

하나님은 모든 사람이 구원 받기를 원하는데(딤전 2:4), 이 책을 읽고 많은 사람들이 진리를 아는데 이르기를 바라며, 믿음의 결국 영혼 구원의 간절한 마음을 담아 이 책을 조심스레 세상에 내놓는다.

2022. 9.16.

서늘함을 느끼는 초가을에
하나님의 음성을 받아 신보은목사 씀.

제1장

신임 받은 왕의 신하들

바울처럼 복음으로!

요한처럼 사랑으로!

베드로처럼 열정으로!

마리아처럼 순종으로!

사무엘처럼 기도로!

다윗처럼 찬양으로!

요셉처럼 비전으로!

1. 바울

바울에 대하여

바울은 사도 중에 사도이다.

열 서너 편의 성경 기록자이다. 히브리서까지 하면 14편을 기록했다.

시대를 지나보면 바울과 같은 사람도 없다.

그는 오직 복음을 위해 살았으며, 오직 하나님의 영광을 위해 살았다.

자나 깨나 세운 교회를 생각하고 자나 깨나 성도를 생각했다.

이방 전도자로써 이방 교회를 많이 세웠으며 마지막엔 목 베임을 당한 순교를 하였다고 전해지고 있다(A.D. 64~65년경).

"나는 팔일 만에 할례를 받고 이스라엘 족속이요 베냐민 지파요 히브리인 중의 히브리인이요 율법으로는 바리새인이요 열심으로는 교회를 박해하고 율법의 의로는 흠이 없는 자라"(빌 3:5-6)

바울은 유명한 율법학자인 가말리엘 문화에서 율법을 배운 유대인이었으며 율법에 기초하여 흠이 없을 만큼 엄격한 생활을 하였다.

예수를 만나기 전에는 율법과 성전에 대한 가르침을 무너뜨린다고 생각하여 스데반을 돌로 쳐 죽이는 일에 앞장섰으며 많은 그리스도인들을 핍박 했다.

길리기아 다소 사람으로 나면서부터 로마 시민권을 가진 자였다.

이스라엘은 당시 로마 식민지였으므로 로마 시민권 자에게는 특혜가 있었다.

바울은 복음을 위해 빌립보 감옥에서와 예루살렘 감옥에서 로마 시민권자의 특혜를 받기도 했다.

회심 전에는 교회를 잔멸할 정도로 그리스도인들을 박해한 바울은 어느 날 대제사장에게 공문을 받아 예수 믿은 자들을 잡아와 옥에 가두기 위해 다메섹으로 가는 중 홀연히 하늘로부터 강한 빛을 만났고 소리를 들었다. 빛으로 인해 앞을 볼 수 없는 중에 부활하신 예수님의 음성이 들려왔다.

"땅에 엎드려져 들으매 소리가 있어 이르시되 사울아 사울아 네가 어찌하여 나를 박해하느냐 하시거늘 대답하되 주여 누구시니이까 이르시되 나는 네가 박해하는 예수라" (행 9:4-5)

사울은 유대식(히브리식) 이름이며 바울은 로마식 이름이다.

이일 후 바울은 하나님의 지시에 따라 다메섹으로 들어가 '아나니아'의 안수를 받고 멀었던 눈이 띄었다. 안수를 받자 눈에서 비늘 같은 것이 벗어져 다시 보게 되었다.

다메섹에서 며칠을 거하고 후에 아라비아로 갔다.

아라비아는 모세가 율법을 받은 시내산이 있는 곳이기도 하다.

아마 하나님의 인도를 받아 시내산에 갔을 것이다.

모세가 이스라엘 백성들을 위해 시내산에서 하나님과 대면했듯이 바울 또한 앞으로 있을 이방인의 사역을 위해 이곳에서 하나님과 깊은 영적 관계를 가지며 사역을 준비했을 것으로 본다.

많은 학자들이 고린도후서 12장의 삼층층 하늘에 있는 낙원에 올라갔을 때를 이때로 보고 있다. 뿐만 아니라 이곳에서 복음의 계시도 받았을 것이다.

그러므로 바울은 자신이 받은 복음에 그만큼 자신이 넘쳤다.

자신이 전한 복음 외에 다른 복음을 전하면 천사일지라도 저주를 받을지라고 자신 있게 말했다.

"그러나 우리나 혹은 하늘로부터 온 천사라도 우리가 너희에게 전한 복음 외에 다른 복음을 전하면 저주를 받을지어다"(갈 1:8)

또한 바울은 아라비아에 있다가 다시 다메섹으로 돌아갔다고 하는데 (갈 1:17), 이 아라비아에 있는 기간을 3년으로 보고 있다. 3년 동안 바울은 사역을 위해 기도하며 전도자로써의 능력을 키웠을 것이다.

복음 전도를 위해 준비하며, 특히 영적 힘을 얻기 위해 하나님과 깊은 교제의 시간을 가졌을 것이다.

나 또한 지금 있는 이곳에 와서 3년이 넘도록 밤낮으로 기도하며 영적 힘을 키웠던 것을 생각해 본다. 사역을 위한 훈련도 중요할 뿐더러 말씀과 기도를 통해 능력을 키우는 기간은 꼭 필요하다고 본다.

어렵고 힘든 훈련의 3년을 이긴다면 30년을 이길 수 있는 힘이 주어질 것도 같다.

바울의 예루살렘 방문

바울은 아라비아 3년 후 게바 및 사도들을 방문하기 위해 예루살렘에 올라갔으나 주의 형제 야고보만 보고 다른 사도들은 보지 못했다고 한다(갈 1:18-19).

아마 이때 사도들은 두루 돌아다니며 복음 전파에 전념하느라 바빴을 것이다. 또한 14년 만에 바나바와 디도와 함께 다시 예루살렘에 올라갔다(갈 2:1). 바울은 14년 동안 예루살렘과 교섭 없이 독자적인 사역을 해왔음을 말하고 있다.

그러므로 자신이 받은 계시는 사람에게 받은 것이 아니라 오직 예수 그리스도께 받은 것이며, 자신이 사도 된 것 또한 그리스도로 말미암은 것임을 수 없이 말하고 있다(갈 1:1,12 ; 엡 1:1 등)

바울은 그만큼 사람의 힘이 아닌 오직 하나님으로부터 복음 전도자가 된 것이다.

그러므로 편지의 첫 인사 말에는 "그리스도 예수의 사도 된 바울은" 또는 "그리스도 예수의 종 바울은"라고 시작하기도 한다.

바울은 예루살렘에 흉년이 들자 제자들에게 구제헌금(부조금)을 거두어 예루살렘 교회에 전달하기도 했다(행 11:27-30).

전달 경로를 다 기록하고 있지 않지만 아마 여러 번의 많은 구제헌금을 전달하였을 것으로 본다.

1차 선교 시에 세운 갈라디아교회 뿐만 아니라 2차 선교 시에 세운 마게도냐(대표: 빌립보)와 아가야(고린도)도 구제에 동참했다.

"다만 우리에게 가난한 자들을 기억하도록 부탁하였으니 이것은 나도 본래부터 힘써 행하여 왔노라"(갈 2:10)

"성도를 위하는 연보에 관하여는 내가 갈라디아 교회들에게 명한 것 같이 너희도 그렇게 하라"(고전 16:1)

"이것을 조심함은 우리가 맡은 이 거액의 연보에 대하여 아무도 우리를 비방하지 못하게 하려 함이니 이는 우리가 주 앞에서 뿐 아니라 사람 앞에서도 선한 일에 조심하려 함이라"(고후 8:20-21)

"그러나 이제는 내가 성도를 섬기는 일로 예루살렘에 가노니 이는 마게도냐와 아가야 사람들이 예루살렘 성도 중 가난한 자들을 위하여 기쁘게 얼마를 연보하였음이라 저희가 기뻐서 하였거니와 또한 저희는 그들에게 빚진 자니 만일 이방인들이 그들의 영적인 것을 나눠 가졌으면 육적인 것으로 그들을 섬기는 것이 마땅하니라"(롬 15:25-27)

사도 바울은 예루살렘 성도들에게 영적인 것을 받았으니 이방인은 육적인 물질로 섬김이 마땅하다고 말한다.

이는 선민 유대인과 이방인들의 아름다운 연합이 아닐 수 없다.

교회들은 그리스도 안에서 서로 유기적 관계를 갖고 함께 일어서야 함을 깨닫게 한다.

이와 같이 사도 바울은 복음 전도뿐만 아니라 구제에도 무척 힘쓰는 하나님의 신실한 종이였음을 알 수 있다.

사도 바울은 바나바와 함께 1차 선교 여행을 마치고 출발지인 안디옥 교회로 돌아와 예루살렘 회의에 참석했다(행 15장).

이방인에게도 모세의 율법에 명시된 할례를 행해야 할 것인지 말 것인지에 대한 안건으로 총회가 열렸다.

유대인 바리새파 중에 이방인들도 모세의 법대로 할례를 받지 않으면 구원을 받지 못한다고 다툼과 변론이 일어났기 때문이다.

바울과 바나바는 예루살렘 교회의 사도들과 장로들 앞에서 이방 선교 여행 중에서 하나님이 행하신 모든 일을 말하였다.

많은 변론이 있은 후 베드로가 일어나 이방인 고넬료 가정의 성령 강림 사건을 말하고(행 10장), 이방 선교가 하나님의 뜻임을 밝혔다.

구원은 오직 주 예수 그리스도를 믿는 믿음으로만 가능함을 확신 있게 선포했다(이신득의).

"믿음으로 그들의 마음을 깨끗이 하사 그들이나 우리나 차별하지 아

니하셨느니라"(행 15:9)

다음으로 본회에 의장인 주의 형제 야고보가 입을 열어 말했다.

야고보는 베드로가 말한 것이 선지자의 말씀과 일치함을 아모스 9장 11,12절을 인용했다.

"이 후에 내가 돌아와서 다윗의 무너진 장막을 다시 지으며 또 그 허물어진 것을 다시 지어 일으키리니 이는 그 남은 사람들과 내 이름으로 일컬음을 받는 모든 이방인들로 주를 찾게 하려 함이라 하셨으니"(행 15:16-17)

이와 같이 예언 된 말씀을 따라 이방인의 선교가 하나님의 뜻임을 밝히고 하나님께로 돌아오는 이방인들에게 율법의 멍에를 지지 말게 할 것을 의장으로써 선포했다.

다만 우상의 더러운 것(우상의 재물)과 음행과 목매어 죽인 것과 피를 멀리할 것을 결정하여 결의문을 내었다.

예루살렘 교회의 지도자인 바사바라 하는 유다와 실라를 택하여 안디옥과 수리아와 길리기아에 있는 이방인 형제들에게 총회에서 얻은 공문을 보내게 했다. 안디옥은 수리아의 수도이며, 길리기아는 바울의 고향인 다소를 수도로 하는 지방이었는데 이때가 1차 선교를 마친 후라 2차와 3차 선교지였던 마게도냐와 아가야와 에베소에는 공문이 나갈 이유가 없었다.

그러므로 당시 할례에 대한 공문은 안디옥을 포함한 수리아와 길리기아에 있는 이방 형제들에게 보내졌었다. 물론 앞으로도 전도될 이방 형제들은 할례를 받을 필요 없이 믿음으로 성령을 받고 구원을 받게 되는 것이다.

안디옥교회는 최초의 이방교회로써 바나바와 바울을 파송한 교회였다. 비시디아에도 안디옥이 있었으나 안디옥교회는 수리아에 있는 교회를 뜻한다.

위와 같이 예루살렘 총회를 통해 최초로 교회의 공식 입장문을 발표했으며 이는 바울의 이방 선교에 큰 짐을 덜어준 격이었다.

이 일은 오늘날 많은 이방교회인 우리에게까지 이르러 하나님의 섭리하심 가운데 하나님의 구속사를 이루어 가고 있는 것이다.

아울러 이 회의를 통해 바나바와 바울은 선교사로서 예루살렘 교회에 공식적 인정을 받는 계기가 되었다고 볼 수 있다.

"주께서 이르시되 가라 이 사람은 내 이름을 이방인과 임금들과 이스라엘 자손들에게 전하기 위하여 택한 나의 그릇이라 그가 내 이름을 위하여 얼마나 고난을 받아야 할 것을 내가 그에게 보이리라 하시니"(행 9:15-16)

바울의 선교 여행

1차 선교 여행

바나바는 착한 사람이요 성령과 믿음이 충만한 사람이다(행 11:24).

안디옥 교회에 있는 바나바가 길리기아 다소에 가서 바울을 찾아오므로 바울은 안디옥 교회에서 일 년 간 사역을 하였다.

그 후 성령의 감동으로 금식하고 기도하여 바나바와 바울을 선교사로 안수하여 세웠다.

그렇게 하여 1차 선교 여행은 바나바와 바울이 함께 떠났다. 바나바의 조카 마가도 수행원으로 데리고 갔다.

1차 선교 여행은 배를 타고 바나바의 고향인 '구브로' 섬 쪽으로 향했다.

'살라미'에 이르러 '바예수(별명: 엘루마)'라 하는 유대인 거짓 선지자 마술사를 맹인 되게 하였다. 마술사 엘루마는 총독 서기오 바울을 믿지 못하게 방해하므로 바울이 맹인 되게 하였던 것이다. 안개와 어둠이 보지 못하도록 그를 덮었었다(행 13:11).

이로 인해 총독 서기오 바울이 믿게 되었다. 서기오 바울은 '지혜 있는 사람'으로 예수 그리스도의 복음에 대해 관심을 갖고 있었던 자였다.

밤빌리아 '버가'에 이르러 마가(요한)는 선교를 포기하고 예루살렘으로 돌아가고 말았다.

바나바와 바울은 비시디아 '안디옥'에 이르러 안식일에 회당에 들어가 복음을 전했다.

유대인의 시기와 핍박이 따랐다. 그러므로 바나바와 바울은 이번에는 이방인에게 복음을 전하였다. 이방인들이 복음을 듣고 하나님께로 돌아왔다.

"이방인들이 듣고 기뻐하여 하나님의 말씀을 찬송하며 영생을 주시기로 작정된 자는 다 믿더라"(행 13:48)

사도 바울은 이사야 49장 6절을 인용하며 자신이 이방인의 사도임을 확실히 드러내 보이고 있다. 또한 다메섹의 '아나니아'를 통해서도 사도 바울이 이방인을 위해 택한 그릇이었음을 말하고 있다.

"주께서 이르시되 가라 이 사람은 내 이름을 이방인과 임금들과 이스라엘 자손들에게 전하기 위하여 택한 나의 그릇이라"(행 9:15)

유대인들의 박해로 비시디아 안디옥을 떠나 '이고니온'에 이르렀다. 이번에도 회당에 들어가 전하므로 유대와 헬라의 허다한 무리가 믿었다.

그러나 또 유대인들이 이방인들의 마음을 선동하여 악감을 품게 하므로 유대인을 따르는 자와 바나바와 바울을 따르는 자의 두 부류로 나누어졌다. 돌로 치려고 달려드는 것을 피하여 루가오니아의 두 성 '루스드라'와 '더베'로 들어와 복음을 전했다.

'루스드라'에 나면서부터 걸어 본적이 없는 앉은뱅이가 있었다.

바울이 주목하여 보니 구원 받을만한 믿음이 그에게 있었다.

"큰 소리로 이르되 네 발로 바로 일어서라 하니 그 사람이 일어나 걷는지라"(행 14:10)

이 일로 인해 무리들이 바나바와 바울을 신으로 받들었다.

바나바는 '제우스'라 하고 바울은 '헤르메스'라 하였다. 헬라식 표기로는 '쓰스'와 '허메'이다.

'제우스'는 로마 신화의 쥬피터(Jupiter)에 해당, 세상을 분담하여 지배하는 다른 신들을 관리하고 다스리는 주신(主神)이다.

'헤르메스'는 로마 신화의 머큐리(Mercury)에 해당하여 제우스와 마이아(Maia) 사이에서 태어난 아들로서 신탁을 전달하고 대변하는 제우스의 전령이었다고 한다.

바울보다 바나바가 나이가 많았고 더 근엄해 보여 바나바를 '제우스'라 하고 바울은 설교자였기 때문에 '헤르메스'라 하였던 것 같다.

이를 볼 때 루스드라 사람들의 생활 속에서 만연된 우상 숭배의 습관들을 볼 수 있다.

앞의 사역지 안디옥과 이고니온에서 유대인들이 이곳 루스드라까지 집요하게 쫓아와 두 사도들을 괴롭혔다.

사도 바울 또한 회심 전에 이처럼 열광적인 유대인이었음을 떠올렸을 것이다. 그러므로 한편 유대인의 핍박이 쉽게 이해되어 스데반처럼 자신도 죽음을 무릅쓰고 견뎌낼 수 있었을 것이다.

스데반을 돌로 쳐 죽였던 바울이 이제는 역으로 자신이 돌에 맞아 죽게 되어 성 밖으로 던져졌다.

더 자세히 말하면 유대인들이 바울을 돌로 쳐서 죽은 줄 알고 성 밖으로 끌어내어 내쳤던 것이다.

율법에 의하면 죄인을 죽일 때는 성 밖으로 끌어내어 죽이도록 규정하고 있기 때문이다(신 17:5).

복음 증거를 위해 죽음까지도 불사하는 바울의 순교자적 자세를 우리는 본받을 수 있는가를 생각하게 한다.

바울은 돌에 맞아 잠시 의식을 잃었다가 깨어났을 것이다.

그 상황에서도 바울은 다시 성안으로 들어가 이튿날 바나바와 함께 복음을 전하기 위해 '더베'로 갔다. 더베에서도 많은 사람들을 전도했다.

더베에서 조금만 내려가면 길리기아 다소 고향에 들어갈 수 있으나 바울은 사명의식이 뚜렷한 전도자였다. 고향을 등지고 다시 왔던 곳을 돌아보며 각 교회를 굳건히 하였다.

더베에서 루스드라 - 이고니온 -비시디아 안디옥의 중앙을 거쳐 밤빌리아 버가에 이르러 말씀을 전하고 잇달리아로 내려가서 이번에는 구브로 섬을 거치지 않고 배타고 바로 수리아 안디옥에 이른다.

1차 선교여행을 다녀온 후 갈라디아서를 기록한 것으로 추정하고 있다.

2차 선교 여행

1차 선교 후 예루살렘 회의를 마치고 이방지역 전도자로써 인정과 확신을 받아 2차 선교 여행에 나선다.

1차 선교 여행은 바나바와 바울이 함께 했으나 2차 선교부터는 따로 나선다. 그 이유는 1차 선교지 버가에서 선교를 포기하고 돌아 가버린 마가를 바나바는 데리고 가기를 원했고 바울은 안 된다고 하여 서로 심히 다투었던 것이다.

결국 바나바는 마가를 데리고 1차 때와 마찬가지로 구브로 섬으로 내려갔고 바울은 실라와 함께 수리아와 길리기아로 올라갔다.

1차 선교 시 전도했던 자들을 견고하게 하자는 목적으로 나섰으나 하나님은 유럽 복음 전도를 계획하고 계셨다.

이때부터 사도행전에는 바나바의 사역은 기록하지 않고 누가를 통해 바울의 선교 사역만을 기록하고 있다. 하나님은 바울 사역에 중점을 두고 있는 것이다.

한편 사도행전을 기록한 누가는 드로아에서 '우리'라는 표현을 쓰고 있음으로 보아 이때 이미 합류되어 있었음을 보여 주고 있다(행 16:10). 디모데 또한 루스드라에서 합류했다. 디모데는 디모데전서와 후서의 수신자로서 바울의 "믿음 안에서 참 아들 된 자"이며(딤전 1:2) 후에 에베소 교회의 목회자로 위임 받았다. 아버지는 헬라인, 어머니는 유대인으로 외조모 로이스와 어머니 유니게의 거짓이 없는 신실한 믿음을 받았다(딤후 1:5).

하여튼 의사 누가와 디모데가 합류됨은 유럽(마케도냐) 선교를 위해 동역자들을 예비하시는 하나님의 세심한 섭리를 깨달을 수 있다.

바울과 실라는 더베와 루스드라를 지나 아시아에서 복음을 전하고자 했으나 주의 영이 허락하지 않았다.

"성령이 아시아에서 말씀을 전하지 못하게 하시거늘 그들이 브루기아와 갈라디아 땅으로 다녀가 무시아 앞에 이르러 비두니아로 가고자 애쓰되 예수의 영이 허락하지 아니하시는지라"(행 16:6-7)

무시아를 지나 드로아로 내려갔는데 밤에 바울에게 환상이 보였다.

그 환상의 내용은 마게도냐 사람 하나가 서서 우리를 도우라고 마게도냐로 오라는 것이었다. 바울은 마게도냐에 가서 복음을 전하라는 하나님의 뜻으로 알고 아시아 복음 전도에서 마게도냐 즉 오늘의 유럽 전도로 방향을 정했다. 드로아는 마게도냐로 건너는 항구도시이다.

드로아에서 배를 타고 네압볼리로 가고 거기서 빌립보에 이르니 빌립보는 마게도냐 지방의 첫 성이며 로마의 식민지였다.

안식일에 기도할 곳을 찾아 강가에 나갔는데 두아디라 시에 있는 자색 옷감 장사인 '루디아'라는 여성 성도를 만났다. 루디아가 자기 집에 거하기를 강권하여 바울은 루디아의 말에 응했다.

사도행전 16장에는 유명한 사건이 하나 있다.

바울과 실라가 복음을 전하다가 빌립보 옥에 갇혔는데 한밤중에 기도하고 찬송하므로 기적이 일어난 사건이다.

그 때 죄수들이 기도하는 것과 찬송하는 것을 들었다.

갑자기 큰 지진이 나서 옥 터가 움직이고 옥문이 다 열리고 모든 사람의 매인 것이 다 벗어졌다(행 16:26).

간수는 죄수들이 도망간 줄 알고 자결하려 했다. 죄수들이 도망가면 간수는 사형을 당했기 때문에 자결하려 했던 것이다. 바울은 "우리가 도망가지 않고 다 있다"라며 간수의 자결을 막았다.

그러자 간수는 바울과 실라 앞에 엎드려 "내가 어떻게 해야 구원을 받으리이까"라고 물었다. 이때 아주 유명한 성구가 나온다.

"이르되 주 예수를 믿으라 그리하면 너와 네 집이 구원을 받으리라"(행 16:31)

말씀대로 간수 자신은 물론 온 가족이 세례를 받고 구원의 반상에 올랐다.

바울과 실라는 옥에서 풀려나 다음 선교지인 '데살로니가'로 가서 복음을 전했다.

유대인의 회당에 들어가 세 안식일에 성경을 강론하고 해석해 주며 예수는 그리스도라 전하였다.

경건한 헬라인의 큰 무리와 많은 귀부인도 믿고 따랐다. 그러나 유대인의 핍박은 끊임없이 지속되고 있었다.

핍박을 피해 '베뢰아'로 와서 이번에도 역시 회당에 들어가 복음을 전했다.

베뢰아 사람들은 데살로니가 사람들보다 더 너그러워 간절한 마음으로 날마다 성경을 상고했다(행 17:11).

이곳에서도 남녀 많은 사람들이 믿게 되었다. 그러나 회당 전도를 하여서인지 언제나 유대인의 핍박은 따랐다. 또한 당시 흩어진 유대인들이 어디든 살고 있었고 심지어는 멀리서 쫓아온 유대인들까지 핍박을 가해왔다.

선교팀이 지역을 옮길 때는 늘 유대인의 핍박을 피해 옮겨가게 되는 계기가 되는 것이다.

데살로니가에 있는 유대인들이 베뢰아까지 쫓아와 박해하므로 바울은 실라와 디모데를 베뢰아에 남겨둔 채 아덴으로 피신해 갔다.

아마 형제들이 바울을 먼저 아덴으로 피신시킨 것 같다. 적의 타깃(target)은 항상 우두머리임을 인식해야 한다. 유대인들의 표적은 우두머리인 바울이었을 것이다.

아덴은 우상이 가득한 곳이다. 심지어는 "알지 못하는 신에게"라고 새긴 단도 있었다. 바울은 가득한 우상들을 보고 마음에 격분하였다고 한다(행 17:16). 우리도 하나님과 원수 되는 것을 보면 과연 그러한지 잠시 생각해 본다.

많은 사람들이 바울의 아덴 선교를 실패로 말하고 있다. 그러나 복음 전도에 실패가 있겠는가? 되묻게 되지만, 바울은 이곳 아덴에서 에피쿠로스와 스토아 철학자들과 쟁론을 벌였다.

이에 대한 효과를 보지 못한 이유에서 실패를 지적하고 있는 것으로 알고 있다.

그러므로 다음 선교 지역 고린도에 가서는 성령의 나타나심이 없을까 봐 심히 떨고 두려워하며 오직 예수 그리스도와 십자가만 전하기로 작정을 하게 된다.

"내가 너희 중에서 예수 그리스도와 그가 십자가에 못 박히신 것 외에
는 아무 것도 알지 아니하기로 작정하였음이라"(고전 2:2)

베뢰아 사람들이 성경을 자세히 상고하는 것이 특징이라면 아덴 사
람들은 범사에 종교심이 많고 "가장 새로운 것"을 말하고 듣는 것에 시
간을 쓴다. 여튼 바울은 아덴에서 복음보다는 신학적 논쟁으로 임했
던 것을 알 수 있다.

아덴을 떠나 고린도에 이르러 유대인 브리스길라와 아굴라 부부를 만
났다. 이 부부는 로마에서 추방되어 고린도로 이사 왔던 것이다. 글라
우디오가 모든 유대인을 로마에서 추방시켰다.

한편 아굴라 부부는 천막을 만드는 일을 했는데 바울과 생업이 같았으
므로 함께 살며 일했다. 회당 옆에 살고 있는 디도의 섬김을 받기도 했
다. 후에 디도는 디도서의 수신자로서 바울의 '참 아들'이 되어(딛1:4)
지중해 큰 섬 그레데교회의 감독으로 교회를 돌보았다.

이곳 고린도에서 바울은 밤에 환상 가운데 성령의 음성을 들었다.

"두려워하지 말며 침묵하지 말고 말하라"

"어떤 사람도 너를 대적하여 해롭게 할 자가 없을 것이다"

"이 성 중에는 내 백성이 많음이라"(행 18:9-10).

이를 봐도 바울은 고린도에서 떨고 두려워했음을 알 수 있다. 그러
나 성령의 음성을 듣고 힘을 얻었을 것이다. 회당장 온 집안이 믿고 세

례를 받았다.

1년 6개월을 고린도에서 머물고 서서히 2차 선교 여정을 마무리해 갔다.

서원이 있어 겐그리아에서 머리를 깎고 고린도에서 바울을 따라 나섰던 브리스길라와 아굴라를 에베소에 머물게 하고 바울은 가이사랴에 상륙하여 교회에 안부를 물은 후 출발지인 안디옥에 이르러 2차 선교 여행을 마쳤다.

한편 브리스길라와 아굴라는 복음을 따라 에베소로 이사를 와 에베소에 있는 아볼로에게 더 확실한 하나님의 도를 전했다.

아볼로는 언변이 좋고 성경에 능통한 자였으나 성령 세례는 알지 못하고 요한의 물 세례만 받았던 것이다. 에베소에 있었던 아볼로는 아굴라 부부의 가르침을 받고 아가야 지방의 고린도로 건너가 담대히 전도하였다.

아볼로는 고린도로, 아굴라 부부는 에베소로 체인지(Change) 된 것은 다음에 이어질 3차 전도의 주 사역지인 에베소에서의 사역을 위해 하나님께서는 섭리하고 계심을 알 수 있다.

브리스길라와 아굴라는 아가야와 아시아의 대표 지역인 고린도와 에베소 사역에 바울을 돕는 중심 역할을 감당했다. 천막을 짓는 생업을 통해서도 바울의 생활비를 마련했을 것이다.

바울은 2차 선교 여행을 통해 빌립보교회와 데살로니가 교회와 고린도 교회를 세웠다. 고린도에서 데살로니가전서와 후서를 기록했고 고린도는 2차 선교지의 중심지였다.

3차 선교 여행

3차 선교 여행의 중심지는 에베소이다. 에베소는 우상들이 가득한 아시아의 중심지역이기도 하다. 그러므로 그만큼 성령의 강한 역사도 나타났다.

"이르되 너희가 믿을 때에 성령을 받았느냐 이르되 아니라 우리는 성령이 계심도 듣지 못하였노라 바울이 이르되 그러면 너희가 무슨 세례를 받았느냐 대답하되 요한의 세례니라"(행 19:2-3)

성령 세례는 모르고 요한의 물 세례만 받은 사람들에게 바울이 안수하므로 성령이 임했다. 열두 사람쯤 방언도 하고 예언도 하는 성령의 역사가 나타났다. 방언이나 예언의 은사는 하나님의 은혜이다. 그러므로 하나님께 찾고 구해야 한다. 성령을 받은 가장 확실한 증거는 방언이다. 기왕이면 확실한 증거를 받는 것이 좋겠다는 생각을 해 본다.

"방언을 말하는 자는 자기의 덕을 세우고 예언하는 자는 교회의 덕을 세우나니"(고전 14:4)

바울은 회당에 들어가 석 달 동안 강론했으며 두란노 서원에서는 2년 동안 날마다 강론했다. 아시아에 사는 자들에게 하나님의 말씀을 전파하고 예수 그리스도를 전했다.

하나님께서는 바울의 손으로 놀라운 능력을 행하게 하셨고 바울의 손

수건이나 앞치마를 병든 자에게 얹으면 그 병이 떠나고 악귀도 떠나는 놀라운 성령의 역사가 나타났다.

스게와의 일곱 아들이 바울을 흉내 내다가 오히려 악귀 들린 사람에게 상함을 입고 벗은 몸으로 도망치는 일도 있었다. 예수 이름을 쓴다고 누구에게나 능력이 일어나는 것은 아니다.

하나님께 능력을 받아야겠지만 능력을 받기 위해서는 자신이 능력을 받을만한 그릇이 먼저 되어야 한다.

믿는 사람들이 너무 많이 일어나므로 마술을 행하던 사람들이 그 책을 모아 불살랐다. 불사른 책값이 은 오만이나 될 정도였다.

아데미의 신상 모형을 만들어 벌이를 하는 사람이 생업에 지장이 되어 바울 선교팀을 연극장으로 끌고 들어가는 소동도 있었다. 법적으로 고소하라는 서기장의 말에 민회가 철회되기는 했지만 복음 전하는 일에 늘 박해와 위기가 끊임없이 따랐다. 그러면서도 하나님의 은혜와 성령의 역사는 강하게 일어났던 것이다.

에베소에서 고린도 전서를 써서 디도 편에 보냈다. 고린도교회의 분파문제, 음행문제, 소송문제 등 많은 문제들이 바울을 근심하게 했다.

드로아에서 복음의 문이 열렸지만 편지 소식이 궁금하여 디도를 만나기 위해 마게도냐로 속히 넘어갔다.

마게도냐 첫 성 빌립보에서 디도를 만나 고린도 교인들이 회개했다는 소식을 듣고 이곳 빌립보에서 고린도후서를 써서 또 디도편에 편지를 보냈다.

고린도후서는 사도 바울 자신의 가장 개인적인 서신서로 바울의 사도 성 논란에 대해 변론하고 있다(고후 10장-13장).

하여튼 바울은 고린도 교회에 "눈물의 편지"를 썼다고 말하고 있다(고후 2:4). 불의와 죄악으로 찬 고린도 교회를 통해 현 시대적 죄악상에 올려 져 있는 많은 교회들을 생각하게 된다.

바울의 마음을 아프게 한 것은 거짓 교사들의 비난과 음모에 휘말려 사도를 사로로 믿지 못하는 사랑하는 제자들의 죄악상이었다.

이제 세 번째 너희에게 가면 회개하지 않는 자는 용서하지 않겠다는 질책을 하며, 죄 지은 자들이 속히 돌이키길 바라는 간절한 바울의 아픈 마음을 느낄 수 있다.

바울은 고린도에 세 번째 방문하여 3개월을 머물고 이곳에서 로마서를 기록하여 뵈뵈 편에 보낸 것으로 여겨진다.

3개월을 머문 후 빌립보로 다시 올라가 이곳에서 무교절을 지내고 드로아로 넘어간다. 드로아에서 밤늦게까지 강론이 이어지므로 유두고라는 청년이 창에 걸터앉아 말씀을 듣다가 졸음을 이기지 못해 3층에서 떨어져 죽은 일이 있었다. 바울이 그 위에 엎드려 죽은 유두고를 살려 내므로 하나님의 적지 않는 위로를 받았다.

바울은 드로아에서 걸어서 혼자 해안 도시 '앗소'에 이르렀다. 누가를 포함한 선교 팀들은 배를 타고 앗소에 갔지만 바울은 혼자 걸어가기를 원하여 34km를 걸어서 앗소로 내려갔다.

배를 타고 온 팀들을 앗소에서 만나 다시 배를 타고 '밀레도'에 이른다. 오순절 안에 예루살렘에 이르기 위해 급히 떠날 것을 생각하여 밀레도에서 에베소 교회 장로들을 불러내어 고별 설교를 하였다.

"주는 것이 받는 것보다 복이 있다"(행 20:35).

"성령이 여러분을 감독자로 삼고 하나님이 자기 피로 사신 교회를 보살피게 하셨다"(행 20:28).

"삼년이나 밤낮 쉬지 않고 눈물로 각 사람을 훈계하던 것을 기억하라"(행 20:31) 라고 고별 설교를 마친 후 함께 기도하고 다시는 바울의 얼굴을 보지 못한다는 말에 모두 목을 끌어안고 울며 입을 맞추고 배에까지 전송을 받으며 마지막 만남을 억지로 작별했다. 지금은 천국에서 모두 만났을 것을 생각하니 그 때의 슬픔이 기쁨으로 덮쳐온다.

'두로'에 상륙하여 배의 짐을 풀고 제자들을 찾아가 이레를 머물고, 제자들은 예루살렘에 들어가지 말 것을 권유했으나 또한 가이사랴에 이르러 '아가보'가 예루살렘에 들어가면 결박될 것을 예언했으나, 바울은 "주 예수의 이름을 위하여 결박당할 뿐만 아니라 죽을 것도 각오 하였노라"라며 끝내 예루살렘에 들어가 유대인들에 의해 잡힘을 당하고 말았다.

당시 벨릭스 총독 때 2년 동안 가이사랴 옥에 구류 되어 있다가 2년 후 벨릭스가 퇴임하고 베스도가 부임하여 로마로 압송 되었다. 바울이 상소하였던 관계로 로마 황제 재판을 받기 위해 로마로 압송되었던 것이다.

4차 선교 여행

3차 선교 여행을 마치고 예루살렘에 들어온 바울은 "나사렛 이단의 우두머리"라고 끊임없이 죽이려한 유대인들에 의해 고발되어 체포 되었다.

'아가보'의 예언대로 이루어졌다.

벨릭스 총독이 유대인들의 마음을 사기 위해 바울을 2년씩이나 재판도 열지 않고 구금해 두었다. 아마 사도 바울은 3차에 걸친 선교 여행에 많이 지쳐 있었을 텐데 이쯤에서 잠시 쉼을 가졌을 것으로 생각해 본다. 또한 로마 선교를 위해 기도하는 기간이었을 것이다.

2년 후 벨릭스 총독이 사임하고 베스도 총독이 부임해 오므로 재판에서 바울은 상소했다. 풀려날 수도 있었으나 그토록 가고 싶었던 로마와 서바나 복음 전도를 위해 가이사에게 상소하므로 죄수의 신분으로 로마로 향하게 된다. 로마 시민권자라는 유익의 보호를 받으며 압송 되었다.

예루살렘 - 가이사랴 - 시돈 - 무라 시에 이르러 알렉산드리아 배에 올라 살모네 앞을 지나 그레데 해안을 바람막이로 항해하여 간신히 '미항'이라는 곳에 이른다. 미항은 그레데 섬 남쪽 해안에 위치한 항구도시이다.

바울은 풍랑 때문에 항해가 어렵다고 하나 백부장이 바울의 말을 듣지 않고 선장과 선주의 말을 믿어 무리한 항해가 이어졌다.

얼마안가 '유라굴로'라는 광풍이 크게 일어나므로 힘든 항해를 하게 된다.

짐을 바다에 풀어 버리고, 배의 기구들까지도 손에서 내버렸다.

"여러 날 동안 해도 별도 보이지 아니하고 큰 풍랑이 그대로 있으매 구원의 여망마저 없어졌더라"(행 27:20)

도저히 살아 날 수 없는 상황에서 바울은 하나님의 음성을 들었다.

배에 탄자들의 수는 276명이었다(행 27:37).

"바울아 두려워하지 말라 네가 가이사 앞에 서야 하겠고 또 하나님께서 너와 함께 항해하는 자를 다 네게 주셨다 하였으니 그러므로 여러분이여 안심하라 나는 내게 말씀하신 그대로 되리라고 하나님을 믿노라"(행 27:24-25)

14일째 먹지도 못할 정도로 위급한 상황이었다. 그 때 바울은 배부르게 먹게 하고 식량조차도 바다에 다 버리게 했다.

육지에 가까이 왔을 때 배는 깨지고 이제는 헤엄칠 줄 아는 사람은 헤엄쳐 나가게 하고 남은 사람들은 널조각이나 배의 물건에 의지하여 마침내 모든 사람이 상륙하여 구조 되었다.

육지에 다다르고 보니 '멜리데'라는 섬이었다.

날이 차므로 원주민들이 불을 피워 놓고 사람들을 영접 하였다. 바울이 나무 한 묶음을 거두어 불에 넣으니 뜨거움으로 인해 독사가 나와 바울의 손을 물었으나 털어버리니 아무 이상이 없었다. 이를 보고 바울을 신이라고까지 말하며 놀랍게 여겼다. 이 섬에서 가장 높은 보블리오의 부친이 열병과 이질에 걸려 바울이 기도하고 안수하므로 낫게 되는 성령의 역사가 나타났다.

그러므로 다른 병든 사람들도 모여들어 고침을 받았다.

3개월 동안 이곳 멜리데 섬에서 지내면서 후한 대접을 받았고 떠날 때 또한 쓸 것들을 배에 실어 주기도 하는 하나님의 은혜가 있었다.

3개월 동안 그곳에서 겨울을 지난 알렉산드리아 배를 타고 다시 로마를 향해 항해 했다.

'수라구사'에 이르러 사흘을 있다가 '레기온'에 이르러 하루를 지내고 '보디올'에 이른다. 보디올에서 형제들을 만나 이레를 머물고 다시 로마로 항해하여 마침내 로마에 도착했다.

바울은 죄수의 입장에서도 배에 있는 276명의 영혼과 멜리데 섬 원주민들에게 복음을 전하는 유능한 전도자였다.

또한 앞서 산해드린 공회 앞에서와 왕과 총독들 곧 아그립바 왕, 벨릭스 총독, 베스도 총독에게도 서슴없이 복음을 전했고, 특별히 벨릭스 총독과 그 아내 드루실라에게는 의와 절제와 심판에 대해 강론하기도 했다.

정황상 로마에서도 기회 있는 대로 복음을 전했을 것이다.

바울은 로마에서 2년간 가택연금 되었다. 그 집으로 많은 사람들을 날짜를 정하고 불러 들여 복음을 전하였다.

"바울이 온 이태를 자기 셋집에 머물면서 자기에게 오는 사람을 다 영접하고 하나님의 나라를 전파하며 주 예수 그리스도에 관한 모든 것을 담대하게 거침없이 가르치더라"(행 28:30-31)

※ 바울이 기록한 책 13권

① 갈라디아서 ② 데살로니가전서 ③ 데살로니가후서 ④ 고린도전서 ⑤ 고린도후서 ⑥ 로마서 ⑦ 에베소서 ⑧ 골로새서 ⑨ 빌레몬서 ⑩ 빌립보서 ⑪ 디모데전서 ⑫ 디도서 ⑬ 디모데후서

* 1차 선교: 갈라디아서
* 2차 선교: 데살로니가전서, 데살로니가후서
* 3차 선교: 고린도전서, 고린도후서, 로마서
* 옥중서신: 에베소서, 골로새서, 빌레몬서, 빌립보서
* 목회서신: 디모데전서, 디모데후서, 디도서

2. 사도 요한

'요한'의 뜻은 "여호와는 은혜로우시다"이다.

사도 요한은 12제자 중 일등 제자였으며 가장 오랫동안, 90세가 넘도록 사역한 제자였다(A.D. 6년~100년)

요한은 예수님의 가슴에 기댈 정도로 예수님의 사랑을 듬뿍 받았으며 사랑에 대해 자주 언급하고 사랑의 실천의 중요성 또한 가장 많이 강조한 "사랑의 사도"이다.

예수님의 사랑을 많이 받은 요한은 사랑의 표현도 자유롭게 잘 하고 있음을 알 수 있다.

"그가(요한이) 예수의 가슴에 그대로 의지하여 말하되 주여 누구니이까"(요 13:25)

"사랑하지 아니하는 자는 하나님을 알지 못하나니 이는 하나님은 사랑이심이라"(요일 4:8)

사도 요한은 갈보리 십자가에까지 예수님과 함께한 제자로서 예수님의 어머니 '마리아'를 부탁 받을 정도로 예수님의 신임이 두터운 제자였다(요 19:26-27).

그러므로 요한은 예수님이 떠나신 후 예수님의 어머니 마리아를 자기 어머니로 모시고 살았을 것이다.

아버지는 세베대, 어머니는 살로메, 야고보와 형제로써 요한은 야고보의 동생이다. 예수님께서 이 형제들에게 '보아너게' 곧 '우레의 아들'이란 별명을 붙여 주셨다. 아마 성격이 급하고 과격한 탓에 붙여주신 이름인 듯하다.

실제로 이 두 형제는 사마리아인들이 예수님과 제자들을 받아들이지 아니하자 불을 내려 멸하기를 원하는 급한 성격을 보이기도 했다.

"제자 야고보와 요한이 이를 보고 이르되 주여 우리가 불을 명하여 하늘로부터 내려 저들을 멸하라 하기를 원하시나이까"(눅 9:54)

그러나 예수님은 이들을 꾸짖으시고 함께 다른 마을로 가셨다.

사도 요한은 갈릴리 해변 게네사렛 호수에서 고기 잡는 어부의 일을 하고 있을 때 예수님의 부르심을 받았다.

"곧 부르시니 그 아버지 세베대를 품꾼들과 함께 배에 버려두고 예수를 따라 가니라"(막 1:20)

요한은 그물 깁는 일을 하다가 예수님의 부르심을 받고 아버지와 배와 모든 것을 다 버리고 예수님을 따랐다.

마태와 마가는 예수님이 베드로와 안드레를 부르신 후 조금 가시다가 야고보와 요한을 부르신 것으로 기록하고 있지만, 누가는 베드로, 안드레, 야고보, 요한 모두 함께 고기잡이를 하고 있을 때 부르신 것으로 기록하고 있다(눅 5:1-11). 야고보와 요한이 형제인 것처럼 베드로와 안드레가 형제이다.

베드로, 안드레, 야고보, 요한 이들 네 명은 고기잡이 동업자였다.

동업자 "코이노노이"라는 말은 단순히 친한 관계를 넘어서 어떤 일이나 사업에 서로 협력하여 기쁨과 고통을 같이 나누는 자라는 의미를 포함하고 있다.

이 때 예수님은 시몬 베드로에게 깊은 데로 가서 그물을 내려 고기를 잡으라고 하셨다.

베드로는 밤이 새도록 수고하였으되 잡은 것이 없지마는 말씀에 의지하여 그물을 내렸다. 결과 그물이 찢어질 정도로 두 배에 잠기도록 잡혔다. 모든 사람들이 어마하게 잡힌 고기로 인해 놀랐다.

예수님은 이렇게 이적을 보이시면서 베드로, 안드레, 야고보, 요한을 부르셨던 것이다. 그러므로 이들 네 사람은 곧장 예수님을 따랐을 것은 자명한 일이다. 이제 네 사람은 고기 잡는 어부에서 사람 낚는 어부가 되었다. 고기잡이 동업자에서 복음의 동역자로 전환시키셨다.

요한은 초기에 예수님의 사역을 잘 못 오해하여 예수님이 왕으로 오르실 때 높은 자리 하나를 달라고 간청하기도 했으나(막 10:37) 야고보와 베드로와 함께 예수님의 중요한 사역에는 필히 동참하는 중심 위치에 있는 제자였다.

죽은 회당장 야이로의 딸을 살릴 때도, 변화 산에 오를 때에도, 예수님의 십자가 사역을 앞둔 마지막 밤, 기도하기 위해 오른 겟세마네에서도 예수님의 중요 사역에 동행 하였다.

뿐만 아니라 요한은 예수님의 죽음을 목격한 유일한 제자였으며(요 19:26), 막달라 마리아가 전한 예수님의 부활 소식을 듣고 제일 먼저 예수님의 무덤을 확인한 제자였다.

옆구리에 손을 넣어보고 확인해 봐야 믿겠다는 도마와는 확연하게 다른 제자이다. 예수님이 붙잡혔을 때 베드로와 함께 대제사장 집 뜰까지 들어갔으나 베드로처럼 예수님을 모른다고 부인할 일도 없이 끝까지 예수님을 따른 예수님의 일등 제자였다.

요한복음과 요한 1서, 2서, 3서와 요한 계시록의 5권의 성경을 기록했으며 말년에 도미티안 황제의 박해로 인해 밧모섬에 유배되어(계 1:9) 주님의 환상과 계시를 받아 환난 가운데 있는 일곱 교회에 "본 것과 지금 있는 일과 장차 될 일"을 기록하여 전하였다(계 1:19).

요한복음에서는 예수님이 "하나님의 아들"로써 오신 예수님의 신성에 대하여 공관복음과 구별하여 기록하였다. 물론 요한 서신에서도 예수님의 신성을 드러내고 있다.

"태초에 말씀이 계시니라 이 말씀이 하나님과 함께 계셨으니 이 말씀은 곧 하나님이시니라"(요 1:1)

"태초부터 있는 생명의 말씀에 관하여는 우리가 들은 바요 눈으로 본 바요 자세히 보고 우리의 손으로 만진 바라"(요일 1:1)

요한은 자신이 기록한 복음서와 서신서 첫 구절에서부터 예수님을 태초 곧 천지창조 전부터 계신 말씀(Logos)되신 하나님으로 소개하고 있다.

또한 요한복음과 요한일서를 통해 빛이신 하나님을 소개하고 있다.

"참 빛 곧 세상에 와서 각 사람에게 비추는 빛이 있었나니"(요 1:9)
"하나님은 빛이시라 그에게는 어둠이 조금도 없으시다는 것이니라"(요일 1:5)

사도 요한은 오순절 성령 강림사건을 체험한 후 베드로와 함께 성전 미문의 앉은뱅이를 고치는 일도 했으며, 예수의 부활을 담대히 전하므로 산헤드린에서 심문을 받기도 했다(행 3:1-26 ; 행 4:5-22).

또한 베드로와 함께 사마리아로 내려가 성령 사역을 하였으며 후에 에베소 교회에서도 사역한 것으로 전해지고 있다.

그의 죽음에 대한 전승에서 사도 요한은 끓는 기름 가마솥에 던져졌으나 죽지 않아 채석장인 밧모섬에 유배 시켰다고 한다. 이곳 밧모섬에서 예수님의 계시를 받아 "요한 계시록"을 기록한 것이다.

밧모섬은 그리스 '에게해'에 위치한 작은 섬으로 화성암으로 이루어진 불모지이다. 하나님은 무인도와 같은 이곳에서 요한에게 계시록을 쓰게 할 사명이 남았으므로 끓는 기름가마에서도 기적처럼 살려 내신 것이다.

밧모섬에서 풀려나 예수님의 어머니 마리아와 함께 에베소에서 말년을 편안히 지내다 죽음을 맞이한 것으로 전해지고도 있다.

또한 사도 요한은 예수님의 많은 이적과 기사를 목격하고 공관복음인 마태복음, 마가복음, 누가복음과 다른 기사들을 잘 기록하고 있다.

※ 요한복음 예수님의 7대 표적

1. 물로 포도주를 만드심(2:1-11).
2. 왕의 신하의 아들을 치유하심(4:46-54).
3. 38년 된 병자를 치유하심(5:1-9).
4. 오병이어로 5천명을 먹이심(6:1-13).
5. 물 위로 걸어오심(6:16-21).
6. 날 때부터 소경된 자를 치유하심(9:1-41).
7. 죽은 나사로를 살리심(11:1-44).

※ 요한복음 예수님의 7대 선언(나는 ~이다)

1. 나는 생명의 떡이라(6:35).
2. 나는 세상의 빛이라(8:12).
3. 나는 양의 문이라(10:7).
4. 나는 선한 목자라(10:11).
5. 나는 부활과 생명이라(11:25).
6. 내가 곧 길, 진리, 생명이라(14:6).
7. 나는 참 포도 나무라(15:1).

"예수께서 행하신 일이 이 외에도 많으니 만일 낱낱이 기록된다면 이 세상이라도 이 기록된 책을 두기에 부족할 줄 아노라"(요 21:25).

사도 요한은 그만큼 예수님의 하신 일을 많이 목격한 제자임을 말해 주고 있다. 예수님께서 특별히 사랑하시는 제자로써 늘 옆에 두시고 동행했을 것이다. 12제자 중 3제자 중 특출한 한 제자이다.

3. 베드로

사도중의 사도, 12제자 중에 수제자인 '베드로'는 '벳새다' 출신으로 '안드레'의 형이며 '빌립'과도 한 동네에 살았다(요 1:44).

사도 바울에 비해 베드로는 사역에 아내를 데리고도 다녔으며 장모가 열병으로 앓아누워 있을 때 예수님이 치료해 주시기도 했다(고전 9:5; 마 8:14-15)

야고보, 요한과 함께 예수님의 중요 사역에 동참한 3인 제자였으며, 특별히 누구도 체험하지 못한 물 위를 걸어본 제자였으며, 빌립보 가이사랴에서 신앙고백을 잘하여 천국 열쇠를 받은 제자였다.

베드로의 본 이름은 시몬이나 예수님으로부터 '게바'라는 이름을 받았다. '게바'는 번역하면 '베드로'이며(요 1:42), 뜻은 '반석'이다.

베드로는 성격이 다혈질이여서 금방 칭찬을 받고 얼마안가 꾸중을 듣고 하였다.

"시몬 베드로가 대답하여 이르되 주는 그리스도시요 살아계신 하나님의 아들이시니이다

예수께서 대답하여 이르시되 바요나 시몬아 네가 복이 있도다 이를

네게 알게 한 이는 혈육이 아니요 하늘에 계신 내 아버지시니라"(마 16:16-17)

"예수께서 돌이키시며 베드로에게 이르시되 사탄아 내 뒤로 물러가라 너는 나를 넘어지게 하는 자로다 네가 하나님의 일을 생각하지 아니하고 도리어 사람의 일을 생각하는도다 하시고"(마 16:23)

이와 같이 베드로는 신앙고백을 잘하여 칭찬을 받았으나, 한편 예수께서 십자가에 고난을 받고 죽임을 당해야 한다는 말씀에 항변하여 예수님께 사탄이란 소리를 듣게 된다. 베드로가 사탄이란 말은 아니지만, 좀 전에 신앙고백을 할 때와는 대조적인 베드로의 모습을 볼 수 있다. 인간은 이처럼 하나님의 그릇과 사탄의 그릇으로 양극을 쉽게 오갈 수밖에 없는 연약한 존재임을 깨닫게 된다.

하여튼 같은 장소에서 칭찬과 꾸중을 듣는 베드로였다.

요즘 같으면 사탄이란 소리를 듣고 좋아할 사람은 없을 것이다. 예를 들어 목회자가 성도에게 하나님의 뜻을 막는다하여 "사탄아 내 뒤로 물러가라"라고 말하면 어떨까? 그러나 베드로는 사탄이란 꾸중을 듣고도 불평 없이 예수님을 따랐다.

또한 물위를 걸은 베드로를 생각해 보라(마 14:22-33).

밤에 바다 위를 걸어오신 예수님을 보고 제자들은 유령이라고 무서워하며 소리쳤다. 그러나 베드로는 "주여 만일 주님이시거든 나를 명하사 물 위로 오라 하소서"라고 간구한다. 예수님께서 "오라" 하시니 배에서 내려 의심 없이 물 위로 걸어갔다.

그러다가 금방 또 바람을 보고 무서워 바다에 빠져가지 않는가?

예수님은 "믿음이 작은 자여 왜 의심하였느냐?" 하셨다.

담대한 믿음으로 바다에 뛰어 들었고 또 금방 믿음이 약하여 풍랑에 빠져 들었다.

야고보, 요한과 예수님을 따라 헤르몬 산(변화산) 체험에서는 두 제자와 달리 격한 감정과 기쁨을 표출해 보이기도 하였다.

그곳이 얼마나 좋았던지 그곳에 초막 셋을 짓되 하나는 주를 위하여 하나는 모세를 위하여 하나는 엘리야를 위하여 하고 그곳에서 살기를 청했다. 그러나 또 격한 감동과 신비에서 깨어나 예수님과 함께 산을 내려와야 했다. 본인이 기록한 베드로후서에서 이산을 '거룩한 산'으로 표현하고 다시 한 번 그때 일을 언급하기도 했다.

"지극히 큰 영광 중에서 이러한 소리가 그에게 나기를 이는 내 사랑하는 아들이요 내 기뻐하는 자라 하실 때에 그가 하나님 아버지께 존귀와 영광을 받으셨느니라

이 소리는 우리가 그와 함께 거룩한 산에 있을 때에 하늘로부터 난 것을 들은 것이라"(벧후 1:17-18)

예수께서 제자들의 발을 씻어 주실 때 "주께서 내 발을 씻으시나이까?" "내 발은 절대로 씻지 못하시나이다"라고 거절하기도 했다.

"내가 너를 씻어 주지 아니하면 네가 나와 상관이 없다"고 하시므로

그러면 "내 발뿐 아니라 손과 머리도 씻어 주옵소서"라고 하면서 베드로는 예수께서 하신 일에 다른 제자들보다 적극성을 띠는 모습을 보였다.

이미 목욕한 자는 발 밖에 씻을 필요가 없다고 말씀 하셨다.

또한 베드로는 감람산에서 예수님을 잡으러 온 대제사장의 종 말고의 귀를 자른 과격한 성격을 보이기도 했으며 바로 또 예수님이 체포되자 한편으로는 도망가기도 하였다.

베드로가 칼로 자른 말고의 귀는 예수께서 '이것까지 참으라' 하시며 그 귀를 만져 낫게 하셨다(눅 22:51).

어찌 보면 제자 베드로는 예수님을 그만큼 믿고 의지하여 일을 잘 그르치기도 하는 것이 아닌가 생각해 본다.

예수께서 십자가를 지기 위해 잡히셨을 때는 대제사장의 집 뜰까지 따라 들어갔으나, 저주하고 맹세하여 예수님을 모른다고 부인하기도 했다.

예수님이 잡히시기 전에는 예수님을 절대 떠나지 않겠다고 다짐도 했건만..., 예수님께서 "오늘 밤 닭 울기 전에 네가 세 번 나를 부인하리라"고 말씀 하셨다(마 26:34).

모두 주를 버릴지라도 나는 결코 버리지 않겠다고 장담하며 옥에도 죽음에도 따라가겠다던 베드로는 그날 밤 예수님을 세 번씩이나 모른다고 부인했던 것이다.

그러나 닭이 울자 예수님의 말씀이 생각나 심히 통곡하며 회개한 제자였다(눅 22:62).

누구든 하나님의 말씀에 깨달음을 받고 회개하면 용서함을 받는다.

그 후 부활하신 예수님은 고기잡이 떠난 베드로에게 디베랴 호수에 나타나셨다.

제자들도 함께 있었다. 요한이 먼저 주님을 알아보고 "주님이시라" 하니 베드로는 벗어둔 겉옷을 두른 후 배에서 즉시 뛰어 내려 예수께 나아갔다.

예수님은 세 번 부인한 베드로에게 "네가 나를 사랑하느냐"고 세 번 물으셨다. 베드로는 "내가 주님을 사랑하는 줄 주님께서 아시나이다"라고 똑같은 대답을 세 번 하였으나 세 번째 물음에는 근심하여 대답하였다.

아마도 세 번 주님을 부인했던 일이 근심되었을 것이다.

그러나 주님은 "내 어린양을 먹이라" "내 양을 치라" "내 양을 먹이라"고 사명을 주셨다.

"세 번째 이르시되 요한의 아들 시몬아 네가 나를 사랑하느냐 하시니 주께서 세 번째 네가 나를 사랑하느냐 하시므로 베드로가 근심하여 이르되 주님 모든 것을 아시오매 내가 주님을 사랑하는 줄을 주님께서 아시나이다 예수께서 이르시되 내 양을 먹이라"(요 21:17)

예수님은 세 번 부인한 베드로에게 이렇게 세 번 물음으로 사랑의 다짐을 받았다. 그러므로 고기 잡던 베드로는 다시 예수님을 따르게 된다. 주님은 죄 많은 인생들에게 먼저 찾아오시는 분이시다. 찾아오셔서 죄를 떠오르게 하시고 회개하게 하시고 주님을 믿고 따르게 하신다.

베드로가 어떠한 죽음으로 하나님께 영광을 돌릴지도 예언해 주셨다. 들리는 전승에는 베드로가 거꾸로 십자가에 못 박혀 순교 당했다고 한다.

또한 베드로는 예수께서 승천하신 후 열두 제자 중 하나였던 가룟 유다 대신 맛디아를 뽑아 그 수에 채우는 일을 주관했으며, 오순절 날 성령 강림 사건을 체험한 후에는 엄청난 능력을 발휘했다. 오순절 날 마가 다락방에 120문도가 모여 기도에 힘쓰니 성령이 내려오셨다.

모두 방언을 말하므로 하나님의 큰일에 놀라고 어떤 이들은 조롱하여 새 술에 취하였다고 하였다.

이에 대해 베드로는 요엘 2장 28절 이하의 말씀을 들어 많은 사람들 앞에서 설교하였다.

"하나님이 말씀하시기를 말세에 내가 내 영을 모든 육체에 부어 주리니 너희의 자녀들은 예언할 것이요 너희의 젊은이들은 환상을 보고 너희의 늙은이들은 꿈을 꾸리라

그 때에 내가 내 영을 내 남종과 여종들에게 부어 주리니 그들이 예언할 것이요"(행 2:17-18)

때는 제 삼시니 즉 우리 시간으로 오전 아홉시니 술에 취한 것이 아니라 선지자 요엘을 통하여 말씀하신 것을 하나님께서 이루신 것이라고 베드로는 설교하였다.

이 일 후 삼천 명씩, 또 오천 명씩 하나님께로 돌아오는 일이 있었고, 성전 미문에서 구걸하던 앉은뱅이를 일으켜 세우기도 했고, 성령을 속

인 아나니아와 삽비라를 명령으로 죽게 했으며, 예수 부활을 담대히 전하므로 산헤드린 공회의 심문을 받기도 했다.

"베드로와 요한이 대답하여 이르되 하나님 앞에서 너희의 말을 듣는 것이 하나님의 말씀을 듣는 것보다 옳은가 판단하라"(행 4:19)

베드로와 요한은 종교 지도자들의 말을 듣지 않고 오직 하나님의 뜻을 따라 예수님께서 그리스도 되심과 예수님의 죽음과 부활을 담대히 전하였다.

워낙 성령의 역사가 강하게 나타나므로 베드로의 그림자라도 덮이려고 병자들이 몰려왔다(행 5:15).

수많은 사람들이 베드로를 통해 병을 치료 받았고 더러운 귀신들린 자들도 귀신을 내쫓고 치료함을 받았다(행 5:16).

대제사장과 사두개인들이 시기가 가득하여 사도들을 잡아다가 옥에 가두었다. 주의 사자가 밤에 옥문을 열고 끌어내어 성전에 가서 생명의 말씀을 전하라고 하시니 그대로 하였다. 옥문을 열어보니 갇힌 사람들이 없음을 보고 놀랐다.

또한 베드로는 요한과 함께 사마리아에 내려가 성령 사역을 하였다.

"그들이 내려가서 그들을 위하여 성령 받기를 기도하니
이는 아직 한 사람에게도 성령 내리신 일이 없고 오직 주 예수의 이름으로 세례만 받을 뿐이더라

이에 두 사도가 그들에게 안수하매 성령을 받는지라"(행 8:15-17)

또한 베드로는 사방으로 두루 다니다가 '룻다'에 8년 동안 중풍으로 누워있는 '애니아'를 일어나 걷게 하였고, '욥바'에서 죽은 '다비다(도르가)'를 살려냈다. 도르가는 선행과 구제를 많이 한 여 제자였다.

가는 곳마다 표적과 기사가 따르니 이를 보고 많은 사람들이 하나님께로 돌아왔다.

베드로가 욥바에 있을 때 이방인 백부장 고넬료가 사람을 보내왔다. 베드로는 똑같은 환상을 세 번 본 후 이들을 따라 가 고넬료 가정에 첫 이방인 사역을 하였다.

고넬료는 하나님을 경외하며 백성을 많이 구제하고 하나님께 항상 기도하는 자였다(행 10:2).

하나님께서는 욥바에 있는 베드로를 불러 말씀을 듣게 하셨다. 고넬료 집안에 모든 사람들이 베드로의 말씀을 들을 때 성령을 받고 방언을 말하며 하나님을 높였다.

베드로는 성령 주심으로 말미암아 세례를 베풀고 이방인에게도 성령을 부어주심을 놀랍게 여겼다.

이 일로 인해 예루살렘 총회 시 귀한 발언을 하여 이방인들이 할례를 받지 않고 오직 믿음으로 성령을 받고 구원을 받게 됨을 주장하였다(행 15:9,11).

베드로가 옥에 갇혔을 때 주의 사자가 나타나 매인 것을 풀고 문을 열고 옥에서 끌어내었다. 옥에서 나와 교회인 마가의 집으로 갔다.

문을 두드리니 '로데'라는 여자 아이가 베드로임을 알아보고 베드로
가 왔다고 하였으나 이를 위해 기도하는 교인들은 그의 천사라고 로데
의 말을 믿지 않았다. 베드로가 계속 문을 두드리자 그때서야 알아보
고 옥에서 풀린 사실에 놀란 적도 있었다. 이는 예루살렘에서 세 번째
투옥된 사건이었다.

"홀연히 주의 사자가 나타나매 옥중에 광채가 빛나며 또 베드로의 옆
구리를 쳐 깨워 이르되 급히 일어나라 하니 쇠사슬이 그 손에서 벗어지
더라
천사가 이르되 띠를 띠고 신을 신으라 하거늘 베드로가 그대로 하니
천사가 또 이르되 겉옷을 입고 따라오라 한대
베드로가 나와서 따라갈새 천사가 하는 것이 생시인 줄 알지 못하고
환상을 보는가 하니라"(행 12:7-9)

베드로 사도는 예루살렘 총회 이후 사적이 기록되지 않아 행선지를
다 알 수 없으나 바울 서신에 의하면 고린도교회 분파 문제에서 '게바
파'가 있는 것으로 보아(고전 1:12) 고린도와 이방 지역 곳곳에 다니며
복음을 전한 것으로 보여 진다. 바울의 말에 의하면 아내를 데리고 다
니면서 사역을 했던 것으로 볼 수 있고(고전 9:5) 안디옥에도 방문하여
외식하므로 바울의 책망을 받기도 하였다(갈 2:11).
마지막 생애에 이르러 베드로전서와 베드로후서를 기록하고, 예수님
의 예언대로 네로 황제 때 로마에서 순교 당했다(A.D. 68년).

4. 야고보

야고보는 흔한 이름으로 성경 인물로 많이 등장한다.

그 중에 주의 형제 야고보와 세베대의 아들 야고보가 대표적이다.

《 주의 형제 야고보 》

이 야고보는 요셉, 시몬, 유다와 형제이다(마 13:55). 아버지는 요셉, 어머니는 마리아로 예수님은 이들 다섯 형제 중 맏이이다.

주의 형제들은 예수님의 친 형제임에도 예수님을 믿지 않고 오히려 공생애 갈릴리 사역을 비웃었던 사람들이었다(요 7:5).

그러나 예수께서는 부활 후 형제 야고보에게 보이셨고(고전 15:7), 다른 형제들도 예수께서 승천하신 후 어머니와 함께 마가 다락방에서 기도하고 있는 것으로 보아 이들은 모두 예수님의 죽음과 부활을 경험한 후 믿게 되었을 것으로 보인다.

"여자들과 예수의 어머니 마리아와 예수의 아우들과 더불어 마음을 이 야고보는 오순절 성령 강림을 체험하고 주의 일에 힘쓴 자였다.

예루살렘 교회의 최고 지도자로서 예루살렘 교회의 '기둥 같은 자'라는 별칭이 따라 붙기도 한다.

예루살렘 공의회에 대해서 바울 편에 자세히 다루었지만, 주의 형제 야고보는 이 회의에 의장으로서 중요 역할을 수행했다.

이방인들이 이스라엘 형제들처럼 할례를 받지 않고 오직 믿음으로 성령을 받아 구원받게 됨을 문서화 하는데 큰 공을 세운 사람이었다.

다만 우상의 더러운 것과 음행과 목매어 죽인 것과 피를 멀리할 것을 의결하여 이방 교회에 공문을 보냈던 것이다.

사도 바울은 이 야고보를 베드로와 요한과 함께 "교회의 기둥"이라고 말하고 있다(갈 2:9).

세베대의 아들 야고보는 일찍 순교를 당했고 베드로는 예루살렘을 떠나 있었던 관계로 주의 형제 야고보는 더욱 기둥 같은 중심 역할을 감당해야 했을 것이다.

오순절 성령 강림과 함께 태동한 초대교회가 폭발적으로 성장하여 로마제국 전역으로까지 확산되어 가던 중요한 시기에 예루살렘 초대 교회의 감독으로 사명을 잘 수행한 "주 예수 그리스도의 종"(약 1:1) 야고보이다.

예루살렘 교회의 감독이었던 야고보는 로마제국 각지에 흩어져 있는 유대인 열두 지파에게 야고보서를 기록해 보내고 주후 62년경 공회에서 돌에 맞아 순교한 것으로 전해지고 있다.

야고보서는 예수님의 산상수훈과 일치점이 많고 "신약의 잠언서"라고 불리기도 한다. 한편 주의 형제 중 유다는 유다서를 기록하여 영지주의 이단을 경계하고 건전한 믿음을 지켜낼 것을 전하고 있다.

《 세베대의 아들 야고보 》

이 야고보는 베드로 요한과 함께 3대 제자로서 갈릴리 지역에서 어부생활을 하였다.

사도 요한의 형으로 베드로, 안드레, 요한과 고기잡이 동업 중 모든 것을 버리고 예수님을 따르기도 하였다(눅 5:1-11).

세베대의 아들 야고보와 요한은 예수님으로부터 '보아너게' 곧 '우레의 아들'이란 이름을 받았다(막3:17).

예수와 함께 베드로의 장모가 열병으로 누워 있을 때 문병을 갔으며(막 1:29-30), 예수님의 중요 사역에 예수님과 동행 하였다.

회당장 야이로의 죽은 딸을 살리는데 그 집을 방문했으며(막 5:37-38), 변화산상의 변형된 예수님을 체험 했으며(막 9:2), 또한 예수와 함께 겟세마네 동산에 기도하러 오른 사도이다(마 26:37).

또한 세베대의 두 아들은 예수님을 환영하지 않은 사마리아인들에게 분노하여 불을 내려 칠 것을 요구했다가 예수님께 꾸중을 듣기도 했다(눅 9:54). 사마리아인들에게 분노를 품은 이들을 통해 일흔 번씩 일곱 번이라도 용서하라는 예수님의 말씀이 떠오른다.

또한 이 야고보는 한때 형제 요한과 함께 영웅이 되고자하는 욕심을 따라 예수님께 영광의 자리를 구하기도 했다(막 10:35-37).

"여짜오되 주의 영광중에서 우리를 하나는 주의 우편에 하나는 좌편에 앉게 하여 주옵소서"(막 10:37)

이 구절을 통해 이기적인 야고보와 요한을 보게 된다. 그러나 한번쯤은 누구나 이런 기도를 해보지 않았을까? 라는 생각을 해본다.

세베대의 아들 사도 야고보는 부활하신 예수님을 만났고(요 21:1-2), 승천하신 예수님을 체험 하였고, 오순절 마가 다락방에서 120명과 함께 기도하다 성령을 받아 예루살렘에서 사도들과 함께 사역 하였다.

헤롯 아그립바에 의해 순교 당하여 사도들 중 최초의 순교자가 되었다.

헤롯 아그립바는 유대인들의 지지를 얻기 위해 기독교를 핍박하는 정책을 펼쳤던 것이다(행 12:1-5). 베드로 또한 이때 투옥 되었으나 주의 사자가 나타나 출옥시키는 하나님의 강한 역사가 있었다.

야고보는 "발꿈치를 잡다"라는 뜻으로 '야곱'의 헬라어 표기이다.

구약시대에 '야곱'의 이름이 이스라엘을 대표하는 이름이었고 신약시대에도 이 이름이 많이 사용 되었다.

주의 형제 야고보와, 세베대의 아들 야고보 외에도 열두 사도에 속한 알패오의 아들 야고보가 있었고(마 10:3), 사도 유다의 아버지 야고보도 있었다(눅 6:16). 야고보의 아들 사도 유다는 다대오와 동인으로 보인다.

5. 마태(레위)

마태는 열두 제자 중 한 사람으로 마태복음을 기록한 제자이다.

'마태'는 "하나님의 선물"이란 뜻으로 히브리식 본 이름은 '레위'이다

마태 자신은 이름을 '마태'로 기록하고 마가와 누가는 '레위'로 기록하고 있다(마 9:9; 막 2:14; 눅 5:27).

알패오의 아들 레위는 직업이 세리였다.

당시 세리는 부를 위하여 부당하게 세금을 부과했기에 죄인 취급을 받았으며 창기와 같이 비천한 사람으로 여겼다.

마태는 갈릴리 바닷가 가버나움에서 세관 업무에 종사하고 있을 때 예수님의 부르심을 받고 예수님을 따랐다

"예수께서 그곳을 떠나 지나가시다가 마태라 하는 사람이 세관에 앉아 있는 것을 보시고 이르시되 나를 따르라 하시니 일어나 따르니라"(마 9:9)

세리 마태는 예수님의 부르심을 받고 예수님을 자기 집으로 모셨다. 자기와 같이 소외당한 동료들도 함께 집으로 초대하여 잔치를 베풀었다.

바리새인들은 예수님이 죄인인 세리들과 함께 음식을 잡수시는 것을

보고 비난했다. 예수님은 이 때 유명한 말씀을 하셨다.

"건강한 자에게는 의사가 쓸 데 없고 병든 자에게라야 쓸데 있느니라"
"나는 의인을 부르러 온 것이 아니요 죄인을 부르러 왔노라"(마 9:12,13)

약하고 소외당한 자들에게 찾아오시는 예수님의 마음을 느낄 수 있는 구절이다. 세리와 창녀(창기)들이 먼저 하나님 나라에 들어간다는 말씀을 떠오르게 한다(마 21:31).

사도로 소명 받은 이후 마태는 예수님의 권능을 받고(마 10:1), 이곳 저곳 다니며 복음을 전파했다(막 3:14).

예수님께서 잡히실 때는 도망갔지만 부활하신 예수님을 만나고, 예수님의 승천을 목격한 후 오순절 날 마가 다락방에서 성령을 체험 하였다(행 1:13).

소외당한 동료들의 영혼을 사랑하여 예수님께 전도한 마태는 유대인 동족들 또한 사랑하여 마태복음을 히브리어로 기록하였다.

마태복음은 신약성경 제일 앞에 위치한 복음서로써 예수님이 구약에 예언된 메시야이자 인류를 구원할 영원한 왕이심을 전하고 있다.

마태의 죽음에 대해서는 기록하고 있지 않지만 순교당한 것으로 전해지고 있다.

6. 마리아

마리아는 예수님의 육신의 어머니이다.

예수님 탄생 이전에는 갈릴리 나사렛에서 거주 하면서 다윗의 자손 요셉과 약혼한 사이였다.

어느 날 가브리엘 천사로부터 수태고지를 들었다.

"천사가 이르되 마리아여 무서워하지 말라 네가 하나님께 은혜를 입었느니라

보라 네가 잉태하여 아들을 낳으리니 그 이름을 예수라 하라"(눅 1:30-31)

마리아는 남자를 알지 못한 처녀였다. 남자를 알지 못한다는 것은 남녀 간의 체험이 없다는 뜻이다. 이사야 7장 14절 예수님의 탄생 예언을 보아도 마리아는 처녀였다.

당시 유대의 엄격한 관습에 따르면, 처녀가 아이를 갖게 되면 돌로 치는 사형에 치해졌다(신 22:23-24).

그럼에도 수태고지를 들은 마리아는 성령을 통한 예수님의 잉태를

믿음으로 받아들였다.

"마리아가 이르되 주의 여종이오니 말씀대로 내게 이루어지이다 하매 천사가 떠나가니라"(눅 1:38)

마리아는 친척인 엘리사벳의 잉태 소식도 함께 듣고 증거 확인 차 사가랴의 집에 가봤다. 사가랴는 엘리사벳의 남편이다.

엘리사벳은 본래 잉태하지 못했지만 당시에는 나이가 많아서도 임신할 수 없는 입장이었다. 그런데 임신한지 6개월이 되었다고 한다.

마리아가 엘리사벳에게 이르자 엘리사벳의 태중에 세례 요한이 예수님을 보고 뛰놀았다. 엘리사벳도 함께 성령 충만함을 받았다.

마리아는 이에 자신의 임신에 대해 찬가를 부르고 3개월쯤 그곳에 머무르다 집으로 돌아왔다.

마리아와 정혼했던 요셉은 의로운 자여서 마리아의 임신 소식을 듣고 가만히 끊고자 하였다. 그러나 천사가 나타나서 마리아의 임신은 성령으로 잉태된 것임을 알리고 마리아 아내 데려오는 것을 두려워 말라 하셨다. 그러므로 마리아는 예수님을 성령으로 잉태한 가운데 요셉과 결혼을 하였다.

예수님을 낳기까지 마리아와 요셉은 동침하지 아니하였다.

가이사 아구스도가 영을 내려 고향으로 돌아가 호적하라 하였다. 요셉과 마리아도 나사렛에서 다윗의 동네 베들레헴으로 호적 하러 갔다.

해산할 날이 찼으나 여관에 있을 곳이 없으므로 마굿간에서 아이를 낳았다. 아이를 낳아 강보로 싸서 구유에 뉘었다.

예수님은 높고 높은 하늘 보좌에서 천하디 천한 마굿간으로 비하하신 것이다. 허물과 죄로 이미 죽어버린 인류에게 자신의 생명을 대속물로 내어 주시기 위해 이 땅에 오셨다.

예수께서 탄생하자 밤중에 양을 지키던 목자들이 방문했다(눅 2:15-20).

목자들은 천사가 아기에 대하여 자기들에게 말한 것을 다 전했다. 마리아는 목자들이 하는 모든 말을 마음에 새기었다.

마리아는 순종적이고 신실한 하나님의 종이었음을 알 수 있다.

동방의 박사들은 하늘에 이상한 별 하나가 떠서 별의 인도함을 받아 아기 예수께 찾아왔다(마 2:1-12).

박사들은 아기 예수께 경배하고 보배 합을 열어 황금과 유향과 몰약을 예물로 드렸다.

마리아는 하나님의 음성에 순종적이었을 뿐만 아니라 율법도 잘 지키는 사람이었다.

예수님이 태어나자 팔일 만에 할례를 행하고 아이를 낳으므로 부정하게 되는 산모의 정결 의식도 행했다. 첫 태에 처음 난 남자 아이를 거룩하게 구별하여 하나님께 드렸다(눅 2:22-24).

"할례 할 팔일이 되매 그 이름을 예수라 하니 곧 잉태하기 전에 천사가 일컬은 바러라"(눅 2:21)

"아들을 낳으리니 이름을 예수라 하라 이는 그가 자기 백성을 그들의 죄에서 구원할 자이심이라 하니라"(마 1:21)

예수는 태어나기 전부터 하나님께서 지어 주신 이름이었다. 이스라엘의 관습에 따라 남아가 태어나면, 팔일 만에 할례를 받고 아버지가 아이의 이름을 지었다.

이를 볼 때 예수님의 친 아버지는 하나님이 되심을 입증해 준다. 요셉에게도 마리아에게도 아이가 태어나면 이름을 '예수'로 지으라고 이미 하나님께서 말씀해 주셨다. 진정 하나님의 아들이 육신을 입고 이 땅에 오신 것이다.

'예수'라는 이름의 뜻은 "여호와가 구원하심"이란 뜻으로 당시 흔한 이름이었다. 아무래도 이름 뜻이 좋다보니 많이 사용되었을 것이다.

'예수'는 '여호수아' 혹은 '예수아'의 헬라식 표기로, 모세의 후계자였던 눈의 아들 '여호수아'는 예수 그리스도의 모형적 인물이었다.

마리아는 남편 요셉과 함께 헤롯이 아기를 죽이려는 음모를 피해 하나님의 지시하심 따라 아이를 데리고 애굽으로 피신했다(마 2:13-15).

애굽으로부터 내 아들을 불러냈다 함을 이루시기 위한 일이기도 했다(호 11:1). 이는 이스라엘의 출애굽 사건과 동일시하고 있는 것이다.

헤롯이 죽자 주의 사자가 요셉에게 또 현몽하므로 아이를 데리고 나사렛으로 귀환 하였다.

"나사렛이란 동네에 가서 사니 이는 선지자로 하신 말씀에 나사렛 사람이라 칭하리라 하심을 이루려 함이러라(마 2:23)

나사렛은 갈릴리 북방을 담당하던 로마의 부대가 주둔하였던 지역이다. 나사렛 사람들은 로마인들과 어울려 다닌다는 이유로 멸시와 모욕을 받았다. 예수님 또한 멸시와 경멸의 대상으로 천한 '나사렛 사람'이라 칭함을 받게 된 것이다.

빌립의 친구 나다나엘 또한 나사렛에서 무슨 선한 것이 날수 있겠느냐고 나사렛 동네를 무시하고 천히 보았음을 알 수 있다(요 1:46).

마리아는 예수님 12살 때 유월절 명절을 지내기 위해 예루살렘에 왔다. 해마다 유월절을 지내기 위해 예루살렘에 왔을 것이나, 이 일에 대해서는 특별히 기록하고 있다. 유월절 의식을 마치고 돌아가는 길에 소년 예수가 안 보인 것이다.

친족 중에 동행 한줄 알고 하룻길을 갔던 것인데 생각나 찾아보니 없는 것이 아닌가? 다시 왔던 길로 예수님을 찾아 되돌아갔다. 예수님은 성전에서 선생들과 주거니 받거니 말하고 계셨다. 모두들 예수님의 지혜와 말하는 것에 놀랐다. 마리아와 요셉이 근심하며 찾았는데 왜 이렇게 했느냐 물으니 "어찌하여 나를 찾으셨나이까 내가 내 아버지 집에 있어야 될 줄을 알지 못하셨나이까"라고 반문했다(눅 2:49).

예수님의 공생애가 시작될 무렵 마리아와 예수님은 '가나' 동네의 혼인잔치에 참석했다. 예수님의 제자들도 혼례에 청함을 받았을 때이다. 당시에 혼인 잔치는 7일간 이어졌던 관습이 있었다.

잔치가 무르익을 무렵 포도주가 떨어졌다. 마리아는 먼저 예수께 포도주가 떨어졌다고 말하고 하인들에게는 예수님이 시키는 대로 "그대로 하라"고 일러두었다.

당시에 정결 예식 곧 세정식을 하기 위해 물을 담아 두는 돌 항아리 여섯 개가 있었는데 예수님은 항아리에 물을 채우라고 하셨다.

하인들은 시키는 대로 물을 떠다 아귀까지 가득 채웠다. 이제는 그 물을 떠서 연회장에게 갖다 주라 하시니 그대로 하였다.

우와! 물이 포도주로 변했다.

연회장이 포도주 맛을 보고 놀랐다. 이렇게 좋은 포도주를 나중까지 두었느냐고 극찬을 하였다. "처음에 좋은 것으로 내고 취한 후에 낮은 것으로 내는데"라며 연회장은 이 좋은 포도주가 어떤 포도주인지 전혀 몰랐으므로 이렇게 말하였던 것이다.

마리아는 예수님께서 없는 포도주도 만들어 내실 줄 믿었다.

예수님께서는 하나님의 아들이심을 나타내 보이셨다.

예수님의 공생애 이 첫 표적을 제자들도 보고 믿게 되었다.

마리아는 자신이 낳은 아들이 갈보리 십자가에서 사형 집행 당한 것을 지켜봐야만 했다. 그 마음은 어땠을까 생각해 보지만 이루 말할 수 없는 아픔과 슬픔이었을 것이다.

그런 상황에서 예수님은 육신의 어머니인 마리아를 제자 요한에게 부탁했다.

"예수께서 자기의 어머니와 사랑하시는 제자가 곁에 서 있는 것을 보시고 자기 어머니께 말씀하시되 여자여 보소서 아들이니이다 하시고
또 그 제자에게 이르시되 보라 네 어머니라 하신대 그 때부터 그 제자가 자기 집에 모시니라"(요 19:26-27)

33년 동안 정든 어머니와 이별을 하고 하늘 보좌로 돌아가야만 했던 예수님은 마지막까지 깊은 효성을 보이셨다.

이때 마리아의 남편이었던 요셉은 이미 소천 하였을 것이고 동생들은 믿음이 없어서였을까? 아무래도 요한이 어머니를 더 잘 모실 것 같아 부탁했을 것이다.

그 후 마리아는 사도 요한의 봉양을 받았으며, 예수님의 부활을 목격한 후 열두 제자들과 자신이 낳은 예수님의 동생들과 120문도 속에 성령 받기를 기도하다가 오순절 날 성령을 체험 하였다.

마리아는 우리와 똑같은 사람으로 마가 다락방의 모임에서 성령 받기를 기도했던 사람이다. 그러므로 숭배의 대상은 절대 될 수 없으며 오직 예수님께만 경배해야 한다.

"여자들과 예수의 어머니 마리아와 예수의 아우들과 더불어 마음을 같이하여 오로지 기도에 힘쓰더라"(행 1:14)

마리아의 죽음에 대해서는 알려진 바는 없지만 예수님의 유언을 따라 사도 요한의 봉양을 받으며 남은여생을 살다 생을 마쳤을 것이다.

7. 빌립

빌립은 사도 빌립과 집사 빌립이 있다.
먼저 사도 빌립에 대해 쓰고 다음 집사 빌립에 대해 쓰려 한다.

《 사도 빌립 》

이 빌립은 안드레와 베드로와 한 동네 벳새다 사람이다(요 1:44). 예수께서 "나를 따르라" 부르시니 즉시 예수님을 믿고 따라와 친구 나다나엘을 찾아가 전도했다.

예수는 율법에 기록하고 선지자들이 기록한 메시야임을 친구에게 전했다.

친구 나다나엘은 "나사렛에서 무슨 선한 것이 날수 있느냐"며 부정했다.

그러나 빌립은 "와서 보라" 하며 나다나엘을 예수님이 있는 곳으로 데리고 갔다.

예수께서는 나다나엘이 오는 것을 보시고 "참으로 이스라엘 사람이라 그 속에 간사한 것이 없도다"고 나다나엘을 가리켜 말씀 하셨다(요 1:47).

나다나엘은 자기를 어떻게 아시냐고 물었다. 예수님은 빌립이 부르기 전에 무화과나무 아래 있을 때에 보았다고 하셨다.

그러자 나다나엘은 빌립에게 전해들은 신앙고백을 하였다.

"나다나엘이 대답하되 랍비여 당신은 하나님의 아들이시요 당신은 이스라엘의 임금이로소이다"(요 1:49)

이렇게 믿음이 없는 자를 예수께로 인도하면 그 다음은 예수께서 책임지신다.

친구를 전도한 사도 빌립에게도 두 번의 실수가 있었다.

한번은 오병이어 기적에서 안드레에게 기회를 빼앗기기도 했다(요 6장).

그때 예수님은 큰 무리에게 먹일 떡을 어디서 사서 먹이겠느냐고 빌립에게 물었다. 예수님은 다 아시면서도 빌립의 마음을 떠보려고 물으신 것이었다. 그런데 빌립은 조금씩 받게 할지라도 이백 데나리온으로도 부족하다고 계산이 앞선 자였다(당시 한 데나리온은 노동자 하루 품삯, 마 20:2). 그러나 사도 안드레는 재빨리 어린이가 가져온 보리떡 다섯 개와 물고기 두 마리를 말했다.

물론 안드레도 이것으로는 어림없음을 말했다. 그러나 안드레는 빌립과 달리 예수께 오병이어를 가져오게 하였다.

아마 빌립은 앞서 가나 혼인잔치에서 물이 포도주로 변한 예수님의 신적 능력을 생각하지 못한 듯하다.

예수님께서는 오병이어에 축사 하신 후 무리에게 떼어주어 먹게 하셨다.

오천 명이 배불리 먹고 남은 조각이 열두 바구니였다.

사도 빌립의 또 하나의 실수는 예수님이 잡히시던 전날까지도 믿음이 약하여 아버지를 보여 달라고 하였던 것이다.

예수께서는 "나를 본 자는 아버지를 보았거늘 어찌하여 아버지를 보이라 하느냐"고 하셨다(요 14:9).

사실 예수님은 하나님의 본체로써 이 땅에 성육신하신 것이었으니 당시 제자들은 예수님을 통해 하나님을 본 셈이었다.

"내가(예수님이) 아버지 안에 거하고 아버지는 내 안에 계신 것을 네가 믿지 아니하느냐 내가 너희에게 이르는 말은 스스로 하는 것이 아니라 아버지께서 내 안에 계셔서 그의 일을 하시는 것이라"(요 14:10)

그러면서 예수님이 아버지 안에 아버지께서 예수님 안에 계신 것을 믿으라고 말씀 하셨다.

오늘날 우리는 성령을 통해 하나님께서 우리 안에 계심을 믿어야 한다.

사도 빌립은 이처럼 약한 믿음 중에도 예수님을 떠나지 않고 계속 따랐다.

성도들 또한 믿음이 서지 않고 의심이 든다 할지라도 끝까지 주님을 떠나서는 아니 된다.

어느 날 헬라인 몇 명이 빌립에게 찾아와 예수님 뵙기를 청했다.

빌립은 안드레에게 가서 의논하고 안드레와 함께 예수께 이 사실을 여쭈기도 했다(요 12:20-22). 아마 베드로 같았으면 친구와 의논할 필요도 없이 예수께 갔을 것을 생각해 본다. 이를 볼 때 사도 빌립은 상당히 신중한 편임을 알 수 있고, 감성보다는 이성적 판단이 뚜렷한 예수님의 제자였다.

사도 빌립은 부활하신 예수님을 만나고 예수님의 승천을 목격하였다.

오순절 날 마가 다락방에서 성령 강림을 체험 하였다.

성령을 받게 되면 앞에서의 연약한 믿음도 강해지고 보다 적극적인 복음 전도자로 일하게 된다.

유세비우스(Eusebius)에 의하면 A. D. 1세기 중반에 브루기아와 아시아 지역에서 주로 활동하다가 히에라폴리스(Hierapolis) 원형극장에서 순교했다고 한다.

《 집사 빌립 》

이 빌립은 초대교회 전도자로써 당시 교회에 구제에 관련된 문제가 생겨 이를 해결하기 위해 뽑은 일곱 집사 중 한명이었다.

믿음과 성령이 충만한 사람으로(행 6:5) 가이사랴에 기거하며 4명의 예언하는 딸이 있었다(행 21:8,9). 아버지를 따라 딸들의 신앙도 신실했다.

스데반의 죽음과 예루살렘 교회의 핍박으로 인해 교회가 흩어지자 빌립은 사마리아에 내려가 복음을 증거 하여 초대교회 성장에 밑거름 역할을 하였다.

사마리아에 큰 마술사 시몬조차도 복음 앞에 굴복하며 많은 사람들이 표적을 보고 빌립을 따랐다.

"많은 사람에게 붙었던 더러운 귀신들이 크게 소리 지르며 나가고 또 많은 중풍병자와 못 걷는 사람이 나으니 그 성에 큰 기쁨이 있더라"(행 8:7,8)

베드로와 요한이 사마리아로 가서 성령 받기를 기도하고 안수하니 많은 사람이 성령을 받았다. 집사 빌립은 세례를 베풀었고 사도인 베드로와 요한은 안수하여 성령을 받게 하였다. 당시 정황상으로는 집사 빌립도 세례를 베풀었으나 요즘은 목사를 통해 세례를 베풀고 있는 실정이다.

집사 빌립은 또한 주의사자의 지시하심을 따라 가사로 내려가는 길에 에디오피아 여왕 간다게의 내시를 만나 복음을 전하고 세례를 베풀었다(행 8:26-38). 이로써 빌립은 북아프리카 선교의 기초를 놓았던 것이다.

빌립은 에디오피아 내시에게 세례를 베푼 후 홀연히 사라지는 체험을 하기도 하였다.

그 후 빌립은 아소도(블레셋 아스돗)에 나타나 여러 성을 다니며 복음을 전하고 가이사랴에 머물렀다.

바울이 3차 전도여행을 마치고 돌아와 이곳 가이사랴 "전도자 빌립"의 집에 머무르기도 했다(행 21:8).

어찌 보면 사도 빌립보다 집사 빌립의 능력이 더 큰 것처럼 보일 수 있다.

그러나 한 가지 간과하지 말아야 할 점은 사도 빌립은 오순절 성령 강림 받기 전의 사역이었으며 집사 빌립은 오순절 성령 강림 직후 예루살렘 초대교회가 태동할 때의 사역으로 성령의 강한 역사가 나타날 때였음을 기억해야 한다.

사도 빌립도 마가 다락방에 임한 성령을 받은 후 강한 복음 사역을 했을 것으로 봐야 한다.

요즘도 마찬가지이다. 목사이건 집사이건 성령 충만 받지 않고는 능력이 좀처럼 나타나지 않을 것이라고 본다. 또한 빌립 집사처럼 복음 전도에 힘쓰는 자는 큰 능력도 함께 따라 붙을 것이다.

8. 요셉

요셉은 야곱의 열두 아들 중 열한째로 태어나 아버지의 사랑을 독차지 하였다. 어머니는 라헬로 야곱이 무척이나 사랑했건만 베냐민을 낳다가 일찍 세상을 떠났다.

요셉은 꿈의 사람이었다. 아무리 험난한 삶 중에도 꿈이 있는 자는 일어서게 된다.

또한 요셉은 아버지의 편애로 채색 옷을 입었으며 형들에게 꿈 쟁이란 소리를 듣고 이로 인해 형들의 미움을 받게 되었다.

"요셉이 그들에게 이르되 청하건대 내가 꾼 꿈을 들으시오
우리가 밭에서 곡식 단을 묶더니 내 단은 일어서고 당신들의 단은 내
단을 둘러서서 절하더이다"(창 37:6-7)

"요셉이 다시 꿈을 꾸고 그의 형들에게 말하여 이르되 내가 또 꿈을
꾼즉 해와 달과 열한별이 내게 절하더이다 하니라"(창 37:9)

17세 소년시절 아버지의 심부름 차 도단에서 양을 치고 있는 형들에

게 갔다. 형들은 미운털 박힌 꿈 쟁이 요셉을 은 20을 받고 미디안 상인에게 팔아 넘겼다. 아버지 야곱에게는 요셉이 짐승에게 찢겨 죽은 것처럼 꾸며 거짓으로 잘 넘어갔다.

요셉은 애굽의 바로의 신하 친위대장 보디발의 집에 팔려갔다.

그러나 하나님께서 요셉과 함께 하시므로 요셉은 어디가나 형통하였다.

하나님께서 요셉으로 인해 보디발의 가정에 복을 주었다. 하나님의 복이 보디발의 집과 밭의 모든 소유에 미쳤다. 보디발은 가정의 모든 소유를 요셉의 손에 맡기고 요셉을 가정 총무로 삼았다.

그런데 어느 날 사건이 발생했다.

요셉의 빼어난 용모에 보디발의 아내가 요셉을 유혹 하였다.

요셉은 보디발과 하나님 앞에 죄를 짓지 않았으나 보디발의 아내가 씌운 누명으로 감옥에 갇혔다. 보디발은 왕의 죄수를 가두는 감옥에 요셉을 가두었다.

감옥에서도 하나님이 요셉과 함께 하셨다.

"간수장은 그의 손에 맡긴 것을 무엇이든지 살펴보지 아니하였으니 이는 여호와께서 요셉과 함께 하심이라 여호와께서 그를 범사에 형통하게 하셨더라"(창 39:23)

요셉이 감옥에 있는 중 바로 왕의 술 맡은 관원장과 떡 굽는 관원장이 감옥에 들어왔다. 그러던 어느 날 두 관원장이 꿈을 꾸었다.

요셉의 말이 "꿈의 해석은 하나님께 있지 아니하니이까?" 라며 두 관원장의 꿈을 해석해 주었다. 꿈은 요셉의 해석대로 이루어졌다.

사흘 후 술 맡은 관원장은 복직되고 떡 굽는 관원장은 나무에 달리었다.

요셉은 술 맡은 관원장에게 전직이 회복되어 나가거든 자신의 억울함을 풀어 달라고 요청했으나 그는 요셉을 잊어버렸다.

그런데 2년 후 하나님의 때가 되어 하나님께서는 참으로 큰일을 벌이셨다.

이번엔 바로 왕이 꿈을 꾼 것이었다.

아름답고 살진 일곱 암소를 흉하고 파리한 일곱 암소가 잡아먹는 꿈과 한 줄기에 무성하고 충실한 일곱 이삭을 가늘고 마른 일곱 이삭이 삼키는 꿈이었다(창 41장). 꿈은 한 가지 내용을 겹쳐 꾼 것이었다.

애굽의 점술가와 현인들을 모두 불러 모았으나 왕의 꿈을 해석하는 자가 없었다.

그 때 마침 술 맡은 관원장이 2년 전 감옥의 요셉을 기억하고 왕에게 말했다. 요셉은 왕 앞에 나가 왕이 꾼 꿈을 해석 하였다.

꿈의 해석은 역시 또 하나님께 있음을 밝히고, 7년 풍년 후 7년 흉년이 올 것을 하나님께서 작정하셨음을 해몽하고 거역할 수 없는 하나님의 뜻을 나타내었다.

아울러 7년 풍년동안에 곡식의 5분의 1을 거둬들여 후에 올 7년 흉년을 대비하라는 정책도 일러 주었다.

바로왕은 하나님을 드러내며 요셉을 극찬 하였다.

요셉에게 애굽의 총리 자리를 내어 주었다.

"너는 내 집을 다스리라 내 백성이 다 네 명령에 복종하리니 내가 너보다 높은 것은 내 왕좌뿐이니라
바로가 또 요셉에게 이르되 내가 너를 애굽 온 땅의 총리가 되게 하노라 하고"(창 41:40-41)

요셉은 17세에 당시 제국이라 할 수 있는 애굽 나라에 종으로 팔려가 30세에 총리가 되었다(창 41:46). 요셉의 꿈이 이루어지는 시점으로 하나님께서는 몰고 가셨다. 형들의 악행을 선으로 인용하신 하나님이심을 생각해 본다.

요셉은 하루아침에 노예로 전락하는 서러움에도, 열형들의 만행에도 아랑곳하지 않고 하나님의 꿈이 이루어지기만을 인내하며 기다렸을 것이다.

하나님께서는 요셉을 한 나라의 총리 자리에 세우기 위해 종의 낮은 자리에서 13년 동안 훈련 시키셨음을 알 수 있다.

큰일을 하기 위해서는 훈련의 기간이 꼭 필요함을 깨닫는다.

모세도 미디안 광야에서 40년을 양치기의 낮은 자리에서 훈련 받았다.

애굽 땅에 7년의 풍년이 지나고 흉년이 왔다.

요셉의 가족들이 살고 있는 가나안 땅도 마찬가지로 흉년이 들었다.

요셉은 풍년 때 쌓아둔 곡식을 풀었다. 그런데 가나안은 쌓아둔 곡식이 없이 가뭄을 맞게 되었다.

요셉을 팔아넘긴 형들이 요셉 앞으로 곡식을 사러왔다.

먼저 형들이 땅에 엎드려 절을 하니 요셉은 꿈을 생각했다. 요셉의 꿈이 성취되었다.

요셉은 형들인 줄 알면서도 모른 체 엄한 소리로 "너희가 어디서 왔느냐" 라며 형들을 정탐꾼으로 몰아 붙였다.

형들은 요셉을 알아보지 못하고 요셉 앞에서 떨었다. 당시 정탐꾼으로 발각되면 중벌을 면치 못했기 때문에 애써 정탐꾼이 아님을 설득해야 했다.

그러나 요셉은 자신을 팔아넘긴 형들의 죄를 깨닫게 하기 위해 두 차례의 시험을 내기도 했으며 그 결과 형제애를 확인 하였다.

형들을 3일 동안 옥에 가두었다. 3일 후 시므온 한사람만 결박하고 아홉 형들은 우선 곡식을 가지고 가서 집안의 주림을 해결하고 그 다음에 베냐민을 데려오라 하였다.

형들은 영문도 모른 채 베냐민을 데려와야 다시 거래를 할 수 있고 시므온도 찾을 수 있다고 믿고 있다.

요셉은 곡식 자루에 돈도 그대로 넣었다. 형제에게 돈을 받고 곡식을 팔수 없었을 것이다.

형들이 사간 곡식이 떨어지자 아버지 야곱은 베냐민을 잃을까봐 좀처럼 내놓을 수가 없었다.

유다의 설득력으로 겨우 베냐민을 데리고 또 곡식을 사러간 형들...

요셉은 자기 어머니 라헬이 낳은 하나뿐인 친동생 베냐민을 보자 정을 억제하지 못하여 눈물을 흘렸다.

식사 자리를 마련하여 나이순으로 앉히고 베냐민에게는 자기 음식을 다른 사람보다 다섯 배나 주고 함께 먹고 마시며 즐거워하였다.

형들은 아직 요셉을 알아보지 못하고 나이순으로 앉힌 일에 대해 놀랄 뿐이다.

요셉은 식사를 마치고 보내는 척하며 2차 시험에 들어갔다.

이번에는 베냐민 인질극을 벌였다. 자신을 노예로 팔아넘긴 형들이 진실로 베냐민을 사랑하는지, 형제애를 확인하고 싶었을 것이다. 또한 형들에게도 깨달음의 시간과 기회를 주고 싶었을 것이다.

각자의 곡식 자루에 곡식과 돈을 넣고 자신이 쓰는 은잔을 베냐민 자루에 넣었다. 은잔이 발견되면 그는 종이 되어야 했다.

베냐민 자루에서 은잔이 발견되자 형들은 옷을 찢고 이 막막한 사건 앞에 가던 발걸음을 돌이켜 다시 성으로 돌아왔다.

요셉 앞에서 또 땅에 엎드릴 수밖에 없었다. 이번에도 유다가 이 사건에 대해 중재를 잘 하였다.

아버지 야곱과 베냐민의 생명이 하나로 묶여 있음을 설득하고 베냐민 대신 자신을 종으로 삼아 줄 것을 요청했다.

요셉은 형제애에 정을 억제하지 못하고 소리 질러 주위를 물리쳤다.

그리고 자신이 요셉임을 드디어 밝혔다. 궁중에까지 들리도록 큰 소리로 울었다. 형들은 너무 놀란 나머지 대답조차 못했다.

형들의 마음은 어땠을까? 놀람, 두려움, 죄책감 등 어안이 벙벙했을 것이다. 꿈쟁이의 꿈이 어찌되나 보자며 은 20에 팔아넘긴 동생을, 그것도 애굽의 총리로 꿈이 성취된 마당에서 만나다니 놀라지 않을 수 없었다.

약 22년 만에 만난 것이다. 그러나 요셉은 형들을 안정시켰다. 요셉은 역시 하나님의 사람이다.

"당신들이 나를 이곳에 팔았다고 해서 근심하지 마소서 한탄하지 마소서 하나님이 생명을 구원하시려고 나를 당신들보다 먼저 보내셨나이다"

"나를 이리로 보낸 이는 당신들이 아니요 하나님이시라"(창 45:5,8)

요셉은 아직 흉년이 오년이나 남았으니 속히 아버지와 가족들이 애굽으로 내려와 고센 땅에서 살게 하였다.

아버지와 가족들이 타고 올 수레를 보내고 각기 옷 한 벌씩을 주되 베냐민에게는 은 삼백과 옷 다섯 벌을 주었다.

야곱은 그토록 사랑했던 요셉이 살아 있다는 사실이 믿기지 않았지만 요셉이 보낸 수레를 보고서야 사실 앞에 기운이 소생했다.

요셉은 애굽의 바로 왕이 "사브낫바네아"로 이름을 지어 주었고 아스낫과 결혼하여 므낫세와 에브라임을 낳았다.

므낫세와 에브라임은 삼촌들과 어깨를 나란히 열두 지파의 반열에 올랐다.

요셉은 장자권의 몫으로 두 몫을 받은 셈이다(대상 5:1).

아버지 야곱의 유언에 따라 야곱의 장례 시 어마한 인파를 거느리고 가나안 행렬을 했으며 헤브론 막벨라 굴에 육신의 부친을 장사하였다.

요셉은 110세에 애굽에서 죽었으나, 출애굽 시 자신의 유골을 가지고 나갈 것을 유언하여 모세와 여호수아에 의해 그의 유골이 가나안 세겜 땅에 장사되었다(출 13:19; 수 24:32).

요셉은 가나안 백성의 생명을 구원하고 통치했으며, 은 20에 팔리는 등 예수님을 예표 하는 인물이라고 볼 수 있다(예수님은 성인이라 은 30에 팔림).

9. 사무엘

사무엘은 한나의 기도로 얻은 아들이다.

에브라임 산지 라마다임소빔에 '한나'의 남편인 '엘가나'에게는 '브닌나'라는 또 다른 아내가 있었다. 브닌나는 아이가 있었으나 한나는 하나님께서 아이를 주시지 않았다. 그러므로 브닌나는 아이 없는 한나를 심히 격분시켜 괴롭게 하였다. 엘가나가 한나를 무척 사랑했으나 당시 아이 없는 여자는 슬픈 시대이므로 한나는 남편의 지극한 사랑에도 울며 먹지도 않고 슬퍼했다. 어느 날 실로에서 한나는 하나님께 통곡하며 기도했다.

"한나가 마음이 괴로워서 여호와께 기도하고 통곡하며 / 서원하여 이르되 만군의 여호와여 만일 주의 여종의 고통을 돌보시고 나를 기억하사 주의 여종을 잊지 아니하시고 주의 여종에게 아들을 주시면 내가 그의 평생에 그를 여호와께 드리고 삭도를 그의 머리에 대지 아니하겠나이다"(삼상 1:10-11)

머리에 삭도를 대지 않겠다는 것은 아들을 낳으면 하나님께 드려 나실인 삼겠다는 의미이다(민 6:5). 사무엘은 이렇게 한나의 서원기도로 태어났다. 하나님께서 한나의 서원을 받으시고 아들을 주셨으니, 사무엘은 젖을 땐 후 엘리 제사장이 있는 실로에서 자랐고, 그곳에서 성막 봉사자로 일했던 것이다.

"사무엘은 어렸을 때에 세마포 에봇을 입고 여호와 앞에서 섬겼더라 그의 어머니가 매년 드리는 제사를 드리러 그의 남편과 함께 올라갈 때마다 작은 겉옷을 지어다가 그에게 주었더니"(삼상 2:18-19)

이후 한나는 엘리 제사장의 축복으로 세 아들과 두 딸을 또 얻었다(삼상 2:21). 사무엘 또한 엘리 제사장의 축복을 받고 태어났던 것이다.

어느 날 밤에 하나님께서 사무엘을 부르셨다. 사무엘은 엘리 제사장이 부른 줄 알고 "내가 여기 있나이다"라고 엘리에게로 나갔으나 엘리 제사장은 부르지 않았으니 가서 누우라 했다. 하나님께서 사무엘아! 사무엘아! 또 부르시고 또 부르셨다. 세 번째 부르실 때에야 엘리 제사장은 하나님이 사무엘을 부르신 줄 깨닫고 다음에 부르시면 "여호와여 말씀 하옵소서 주의 종이 듣겠나이다"하라고 일러 주었다. 하나님께서 네 번째 사무엘을 부르시자 그때서야 사무엘은 하나님의 말씀을 듣게 되었다. 사무엘이 처음들은 하나님의 음성은 엘리 제사장 가문의 저주였다.

"내가 그의 집을 영원토록 심판하겠다고 그에게 말한 것은 그가 아는 죄악 때문이니 이는 그가 자기의 아들들이 저주를 자청하되 금하지 아니하였음이니라 / 그러므로 내가 엘리의 집에 대하여 맹세하기를 엘리 집의 죄악은 제물로나 예물로나 영원히 속죄함을 받지 못하리라 하였 노라 하셨더라"(삼상 3:13-14)

엘리 가문에 저주를 몰고 온 죄악은 아들들의 저주스런 행동 때문 이었다. 엘리의 아들들은 행실이 나빠 여호와를 알지 못하였더라고 기 록하고 있다(삼상 2:12). 이는 제사 시에 제물의 기름을 태우기 전 좋 은 고기를 착취해 가졌으며, 회막 문에서 수종드는 여인들과 동침했 던 것이다.

"이 소년들의 죄가 여호와 앞에 심히 큰은 그들이 여호와의 제사를 멸시함이었더라"(삼상 2:17)

결국 블레셋과의 전투에서 엘리의 두 아들 홉니와 비느하스는 전사 했고 벱궤는 빼앗겼다. 이 소식을 들은 엘리 또한 의자에 앉아 있다 뒤 로 넘어져 목이 부러져 죽었다. 이스라엘 제사장 겸 사사로 40년을 지 냈던 엘리가 죽고, 두 제사장 홉니와 비느하스가 죽었으니 하나님께서 는 준비하신 다른 사사 겸 제사장 겸 선지자 사무엘을 세워 쓰셨던 것 이다. 사무엘은 예수님처럼 삼중직을 가진 하나님의 신임받은 참 일꾼 이었다.

하나님께서 사무엘과 함께 하시므로 그의 말이 하나도 땅에 떨어지지 않게 하시니 온 이스라엘 백성이 그가 하나님께서 세우신 선지자임을 인정하게 되었다(삼상 3:19-20).

블레셋이 이스라엘을 괴롭히자 사무엘은 블레셋과의 전투를 승리로 이끌기 위해 이스라엘 온 백성을 미스바에 모이게 하고 금식기도 집회를 열었다. 하나님께서 큰 우레를 발하여 블레셋 군을 어지럽게 하시니, 이스라엘이 벧갈 아래에까지 추격하여 대승을 거두었다. 이날 사무엘은 미스바와 센 사이에 돌 기념비를 세우고 "여호와께서 여기까지 우리를 도우셨다"하고 그 이름을 에벤에셀(도움의 돌)이라 하였다. 사무엘이 살아 있는 동안 블레셋은 이스라엘을 넘보지 못했다(삼상 7:13). 사무엘은 해마다 라마에서 출발해 벧엘, 길갈, 미스바를 순회하며 이스라엘을 다스렸다(삼상 7:16).

사무엘이 노년이 되어 그의 아들들 요엘과 아비야에게 사사직을 물려 주었다. 요엘과 아비야는 브엘세바에서 사사직을 수행했다(삼상 8:1-2). 그러나 두 아들은 사무엘과 달리 불의를 행했다. 그러므로 백성들의 언성은 높아져 우리도 다른 나라처럼 왕을 달라고 요구했다(삼상 8:3-5). 사무엘은 왕을 세우는 것에 반대했으나 하나님의 말씀 따라 첫 번째 왕으로 사울에게 기름을 부었다(삼상 10:1). 그러나 사울 왕은 하나님의 말씀에 불순종하여 버림을 당하고, 하나님의 마음에 맞는 자 소년 다윗에게 기름을 부어 왕으로 세웠다(삼상 16:13).

사무엘은 라마다임소빔(=라마, 뜻: 높은 곳)에서 태어나 나실인이 되어 실로의 성막 여호와 앞에서 섬겼으며, 또한 라마에서 지내면서 벧엘, 길갈, 미스바를 순회하며 이스라엘을 다스렸다. 마지막 사사로 선지자로 제사장으로 신실하게 일하다 그의 고향 라마에 장사되었다(삼상 25:1; 28:3).

10. 다윗

《 왕이 된 다윗 》

다윗은 이스라엘의 왕 중의 왕이었다. 초대 왕 사울이 하나님의 말씀에 불순종하자 하나님은 사울 왕을 폐하시고 다윗 왕을 세우셨다. 다윗은 이새의 아들 중 여덟 번째 막내아들로 태어났다. 사무엘에 의해 왕으로 기름부음을 받고 성령의 감동을 입었다.

"사무엘이 기름 뿔병을 가져다가 그의 형제 중에서 그에게 부었더니 이 날 이후로 다윗이 여호와의 영에게 크게 감동 되니라"(삼상 16:13)

성령의 감동을 받은 다윗은 아버지의 심부름으로 블레셋과의 전쟁에 나간 형들에게 떡과 치즈를 전해주기 위해 갔었다. 그런데 블레셋 장수 거인 골리앗이 하나님의 군대를 모욕하는 말을 들었다. 이스라엘은 블레셋 군을 두려워하고 있었다. 이때 소년 다윗이 블레셋을 치기로 맘먹고 했던 말이 유명하다.

"다윗이 블레셋 사람에게 이르되 너는 칼과 창과 단창으로 내게 나아 오거니와 나는 만군의 여호와의 이름 곧 네가 모욕하는 이스라엘 군대 의 하나님의 이름으로 네게 나아가노라"(삼상 17:45)

"또 여호와의 구원하심이 칼과 창에 있지 아니함을 이 무리에게 알 게 하리라 전쟁은 여호와께 속한 것인즉 그가 너희를 우리 손에 넘기 시리라"(삼상 17:47)

다윗은 블레셋 사람을 향해 빨리 달려 주머니의 물맷돌을 블레셋 장 수 골리앗에게 던졌다. 물맷돌이 골리앗의 이마에 박히니 거인 골리앗 이 쓰러지고 말았다. 다윗이 달려가서 골리앗의 칼을 뽑아 그의 머리를 치니 블레셋 군사들이 이를 보고 모두 도망갔다. 소년 다윗은 물맷돌 하나로 블레셋과의 전쟁을 승리로 이끌었다.

이 일 후 여인들이 부르는 노래가 있었는데 "사울이 죽인 자는 천천 이요 다윗은 만만이로다"하는 것이었다(삼상 18:7). 여인들의 노랫소 리에 사울이 심히 노하여 그 이후 사울은 다윗을 죽이기로 결심했다. 이에 다윗은 10년 이상 사울을 피해 다녔다. 가드왕 아기스 앞에서 대 문짝에 그적거리며 침을 흘리며 미친 척을 하여 위기에서 벗어나기도 했다(삼상 21:13).

다윗은 자신을 죽이기 위해 쫓아온 사울을 두 번씩이나 죽일 기회가 있었는데 살려주는 너그러움을 보였다. 엔게디 광야 굴속에서 용변을 보려고 들어온 사울을 죽이지 않고 겉 옷자락만 잘라 증거 삼았다(삼상

24장). 또한 십 황무지에서 잠자고 있는 사울의 목을 벨 수도 있었으나 창과 물병만 취해 증거삼고, 왕을 보필하지 못한 군사령관 아브넬을 멀찍이 서서 호통 치기도 했다(삼상 26장).

여호와의 기름 부은 자 치기를 두려워했던 다윗이었다.

"그리 한 후에 사울의 옷자락 뱀으로 말미암아 다윗의 마음이 찔려 / 자기 사람들에게 이르되 내가 손을 들어 여호와의 기름 부음을 받은 내 주를 치는 것은 여호와께서 금하시는 것이니 그는 여호와의 기름 부음을 받은 자가 됨이니라 하고"(삼상 24:5-6)

다윗을 죽이려고 쫓아다녔던 사울은 결국 블레셋과의 길보아 산 전투에서 패하여 세 아들 요나단과 아비나답과 말기수아와 함께 모두 죽었다. 사울이 죽자 다윗은 하나님께 물은 후 유다 땅 헤브론으로 그의 아내 아히노암과 아비가일을 데리고 올라갔다. 헤브론에서 유다의 왕으로 두 번째 기름부음을 받았다.

"유다 사람들이 와서 거기서 다윗에게 기름을 부어 유다 족속의 왕으로 삼았더라"(삼하 2:4)

사울왕의 군대장관 아브넬이 요압에 의해 살해되고, 사울왕을 대신해 왕위를 이었던 사울의 아들 이스보셋도 그의 신하 레갑과 바아나에 의해 살해 되고, 이때 다윗은 유다 왕에서 이스라엘 전체 왕으로 부상했다. 이스라엘 전체 왕으로 세 번째 기름부음을 받았다. 다윗은 삼십 세에 왕위에 올라 사십년 동안 다스렸다(삼하 5:4).

"이에 이스라엘 모든 장로가 헤브론에 이르러 왕에게 나아오매 다윗 왕이 헤브론에서 여호와 앞에 그들과 언약을 맺으매 그들이 다윗에게 기름을 부어 이스라엘 왕으로 삼으니라 / 헤브론에서 칠 년 육 개월 동안 유다를 다스렸고 예루살렘에서 삼십삼 년 동안 온 이스라엘과 유다를 다스렸더라(삼하 5:3,5)

《 법궤 옮김 》

"네 집과 네 나라가 내 앞에서 영원히 보전되고 네 왕위가 영원히 견고하리라 하셨다 하라"(삼하 7:16)

다윗은 하나님의 성전을 짓기를 원했다. 그러나 다윗은 전쟁으로 피를 많이 흘린 사람인지라 하나님은 다윗의 손으로 성전을 손수 짓지 못하게 하셨다. 대신 다윗의 아들 솔로몬을 통해 성전을 짓도록 하셨다. 다윗이 성전을 직접 건축하지는 못했지만 성전을 짓겠다는 그 마음과 결심을 하나님께서는 너무도 기쁘게 받으셨다 그러기에 나단 선지자를 통해 다윗의 왕위가 영원할 것을 약속해 주셨다. 이는 결국 다윗의 혈통적인 뿌리 예수그리스도를 통해 성취된 셈이다. 예수님은 유다지파 다윗의 족보를 타고 다윗의 고향 베들레헴에 만민의 왕으로 오신 것이다.

다윗은 아비나답의 집에 있는 법궤를 다윗성으로 들여오려고 시행했다. 그런데 그만 법궤를 수레에 싣고 오다가 하나님의 진노하심을 받았다. 나곤의 타작마당에 이르러 법궤를 실은 소들이 뛰므로 웃사가 손을 들어 법궤를 붙들었다. 하나님이 웃사의 잘못함으로 웃사를 치시니 웃사가 법궤 곁에서 죽고 말았다.

"여호와께서 웃사를 치시므로 다윗이 분하여 그곳을 베레스웃사(웃사를 침)라 부르니 그 이름이 오늘까지 이르니라"(삼하 6:8)

다윗은 두려워 법궤를 들여오지 못하고 오벧에돔의 집에 옮겨 두었다. 사실 율법에 의하면 법궤는 수레에 싣고 다니는 것이 아니라, 레위 지파 고핫 자손에 의해 어깨에 메어 운반하는 것이 하나님의 법이다(민 4:15).

법궤는 가드사람 오벧에돔의 집에 3개월을 있었다. 하나님께서 오벧에돔의 온 집에 복을 부어 주시므로 이 소식이 다윗에게 전해졌다. 다윗은 법궤 운반법을 깨닫고 이번에는 율법에 의해 법궤를 다윗 성으로 들여왔다.

"여호와의 궤를 멘 사람들이 여섯 걸음을 가매 다윗이 소와 살진 송

아지로 제사를 드리고 / 다윗과 온 이스라엘 족속이 즐거이 환호하며
나팔을 불고 여호와의 궤를 메어오니라(삼하 6:13,15)

《 전쟁과 범죄와 재난 》

다윗은 하나님께서 어느 나라와 싸우든 이기게 하셨다. 동쪽으로는
모압, 서쪽으로는 블레셋, 남쪽으로는 에돔, 북쪽으로는 소바와 다메섹
하맛을 치고 이스라엘의 영토를 확장했다. 아람은 자신이 직접 싸움에
나가 물리치기도 했다.

"아람 사람이 이스라엘 앞에서 도망한지라 다윗이 아람 병거 칠백 대
와 마병 사만 명을 죽이고 또 그 군사령관 소박을 치매 거기서 죽으니
라"(삼하 10:18)

반면 다윗은 일평생 눈물로 회개할 범죄를 저지르기도 했다. 그것은
우리야의 아내 밧세바와의 간음이다. 이때 우리야는 암몬과의 3차 전
투로 인해 전쟁터에 나가 있었다. 다윗은 밧세바와 간음한 후 밧세바에
게 임신 소식이 들리자 이를 덮기 위해 충신 우리야를 살인하기까지 일
을 몰고 갔다. 전장에 있던 우리야를 불러서 집에 들어가 밧세바와 동
침하기를 두 번이나 요청했으나 충신인 우리야는 전쟁 중에 집에 들어
가 편히 쉬기를 원치 않았다. 결국 다윗은 우리야를 전쟁에서 죽게 하

라는 편지를 써 군대장관 요압에게 보내기를, 우리아의 손에 쥐어 보냈다. 우리야는 자기를 죽이라는 편지를 들고 전쟁터로 다시 나가 맹렬한 싸움으로 내몰려 죽고 말았다.

다윗은 이를 은밀히 행했지만 하나님은 모두 알고 계셨다. 나단 선지자를 보내 암양새끼 비유를 통해 다윗의 범죄를 지적했다. 다윗은 즉시 무릎을 꿇고 회개했으나 간음죄로 태어난 아들은 하나님께서 죽이셨다. 죄를 씻고 다시 밧세바에게서 태어난 아들 솔로몬이 왕위를 이었다. 그러나 죄로 인해 다윗 집안에 재난이 끊이지 않았다. 하나님은 칼과 재앙이 다윗의 집에 떠나지 않을 것을 예고 하셨다(삼하 12:10-12).

다윗의 아들 암논이 이복누이 다말을 연애하여 강제로 동침한 후 버리고, 2년 후 이 일로 인해 다말의 오라버니 압살롬에 의해 암논이 살해되고, 압살롬은 또 다윗의 왕좌를 빼앗기 위해 반란을 일으켰다. 아들 압살롬의 반란에 다윗은 피신을 갔어야 했고, 이 압살롬은 다윗의 군대장관 요압에 의해 죽음으로써 반란은 멈추었다. 그러니 다윗은 반란을 일으킨 아들 압살롬 군대를 향해 싸울 수밖에 없는 일을 격은 것이다.

또한 다윗은 사탄이 충동하므로(대상 21:1) 인구조사를 하는 교만에 빠졌다. 인구조사를 하여 이스라엘의 군사력과 힘을 과시하고 싶었던 것이다. 하나님은 갓 선지자를 보내 세 가지 재앙 중 한 가지를 택하라고 다윗에게 전했다. 세 가지 재앙은 곧 ① 7년 기근 ② 3개월 도망자 생활 ③ 3일 전염병이었다.

"다윗이 갓에게 이르되 …… 우리가 여호와의 손에 빠지고 내가 사람의 손에 빠지지 아니하기를 원하노라 하는지라"(삼하 24:14)

다윗은 하나님의 긍휼을 바라고, 사람의 손이 아닌 하나님의 손에 빠지기를 원하여 3일 전염병의 형벌을 택했다. 하나님이 전염병으로 이스라엘을 치시므로 7만 명의 백성들이 죽었다. 다윗이 이를 위해 기도하고 아라우나 타작마당을 사서 번제를 드리니 재앙이 그쳤다. 아라우나 타작마당은 성전이 들어서는 땅이 되었다(모리아 산).

"그 곳에서 여호와를 위하여 제단을 쌓고 번제와 화목제를 드렸더니 이에 여호와께서 그 땅을 위한 기도를 들으시매 이스라엘에게 내리는 재앙이 그쳤더라"(삼하 24:25)

한편 위의 밧세바에게서 얻은 솔로몬은 성전을 지은 왕으로 크게 번영을 누렸던 왕이다. 솔로몬의 죄 때문에 이스라엘이 그 아들 르호보암 때 남북으로 분열되었지만 하나님께서는 솔로몬에게 부와 영광과 지혜를 부어 주셨다. 그러므로 성전을 지은 복이 크다는 것을 알아야 한다.

이와 같이 다윗은 이스라엘의 왕 중 왕으로 하나님의 신임을 받았으나 우리야의 아내 밧세바를 통한 죄 때문에 하나님의 벌을 면치 못했다. 그러나 영적으로는 하나님의 마음에 합한 자로서 이스라엘을 부강 국가로 이끌었다. 하나님을 찬양하기를 하루에 일곱 번씩 하는 왕이었으며(시 119:164), 시편의 많은 시를 남긴 왕이다. 나이가 들어 이불을 덮어도 따뜻하지 않아, 시종들이 처녀 '아비삭'을 구해주어 품에 두고 따뜻하게 하라 하였으나 동침하지는 않고 생을 마쳤다. 아들 솔로몬에게 왕위를 물려주고 다윗성에 장사 되었다(왕상 2:10).

"내가 이새의 아들 다윗을 만나니 내 마음에 맞는 사람이라 내 뜻을 다 이루리라 하시더니 / 하나님이 약속하신 대로 이 사람의 후손에서 이스라엘을 위하여 구주를 세우셨으니 곧 예수라"(행 13:22-23)

※ 참고문헌: 그랜드 종합 주석

제2장

은 쟁반에 금 사과

돈을 가지면 힘을 얻고
사랑을 가지면 기쁨을 얻고
예수 그리스도를 가지면
모든 것을 다 가진 것이라
은 쟁반에 금 사과라!

1. 상급을 쌓으라

"사람이 만일 온 천하를 얻고도 제 목숨을 잃으면 무엇이 유익하리요 사람이 무엇을 주고 제 목숨과 바꾸겠느냐"(마 16:26)

나의 자녀들아 들으라.

나는 너희들을 부르고 기르고 가르치고 지키는 하나님이라. 죄가 들어와서 사망에 이르렀으나 예수를 이 땅에 보내어 십자가에 몸 찢고 피 흘려 너희들을 살렸느니라. 피는 생명이라(레 17:11). 예수의 피가 너희들의 생명을 살렸느니라. 그럼에도 값비싼 피의 공로를 무시하고 받아들이지 못하면 생명을 얻지 못하나니, 그런 자들은 영생을 얻지 못하느니라. 영생을 얻지 못하면 영벌을 받아 지옥에 가느니라.

누가 죽음 뒤에 다가올 내세가 없다고 하느냐? 누가 이생의 삶이 끝이라고 하느냐? 오늘도 많은 영혼들이 지옥으로 떨어졌느니라. 왜 지옥을 생각해보지 못하느냐? 나는 모든 영혼이 천국으로 들어오길 바라느니라.

나의 자녀들아!

이 사실을 부지런히 전파하라. 전파하고 사람들을 구원의 방주인 교회로 이끌라. 한 영혼을 천국으로 인도하는 자의 상급이 얼마나 큰지 생각해 보았느냐? 그 상급은 이 땅에서 그 무엇과도 바꿀 수 없는 상급이니라. 부지런히 전파하고 부지런히 전도하라. 모세는 오직 하늘의 상급을 바라보고 이 땅에서의 장차 썩어질 애굽의 모든 보화를 버렸느니라.

사랑하는 자녀들아!

올 때와 갈 때가 다르니라. 올 때는 빈손으로 왔지만 갈 때는 이 땅에서 쌓은 대로 상급을 받아 가느니라. 그 상급은 영원히 소멸되지 않을 상급이며, 이 땅에서의 그 어떤 귀중품과도 바꿀 수 없는 것이니라. 이 땅에서 가장 비싼 집 한 채의 값은 얼마나 되느냐? 그 가격과도 비교되지 않는 전도의 상급을 많이 쌓아 올려라. 지옥으로 떨어지는 영혼들을 차마 볼 수가 없구나. 지금 생각해 보라. 나처럼, 불구덩이 속으로 떨어지는 영혼들을 훤히 보고 있다고 생각해보라. 어찌 가만히 보고만 있을 수 있겠느냐? 한 영혼은 천하보다 귀하거늘, 천하를 얻고도 생명을 잃으면 무슨 유익이 있겠느냐(마 16:26)? 나는 한 영혼이 천국에 들어오는 것이 그 무엇보다도 기쁘고 또 기쁘도다.

사랑하는 사람들아!

천국에 들어오기를 힘쓰라. 마음 문을 열고 지평선 너머에 무엇이 있을까? 한번쯤 생각해보라. 우주 어느 공간에 예비 된 아름다운 천국이 있노라. 역사의 유명한 주인공들도 타오르는 불속에서 비명을 지르며, 죽고 싶어도 죽지 못한 채 영벌에 처해진 자들이 많이 있도다.

누가복음 16장에 "부자와 거지 나사로"가 어떻게 하고 있는가를 보아라. 부자는 지옥불속에서 나사로를 통해 손끝에 물 한 방울을 찍어 자기 혀를 서늘하게 하라고 간청을 하나 아무소용 없는 일임을 알 수 있느니라. 이미 지옥 불에 들어간 영혼의 그 어떤 간청도 무의미함을 아느냐? 그러나 이 땅에서의 나를 향한 간청은 무엇이든지 내가 귀를 기울이고 대답할 수 있느니라.

많은 사람들아! 많은 영혼들아!

어서 속히 구원의 방주인 교회로 들어와 천국백성이 되어라. 천국백성은 하나님의 말씀을 영의 양식 삼아 사느니라. 말씀은 하나님이시며(요 1:1), 이 말씀은 생명이요, 능력이라. 영혼을 살리는 능력이라. 말씀을 '아멘'으로 받아 믿음에 이르고 이 믿음으로 천국을 침노하는 것이니라. 믿음이 없이는 하나님을 기쁘시게 못하나니(히 11:6), 살아계신 하나님을 믿으며 상주시는 하나님이심을 믿어야 하느니라. 하나님을 믿는다는 것은 하나님의 아들인 예수를 믿는다는 것이요, 성부와 성자와 성령은 한분 하나님이심을 믿어야 하느니라. 믿음을 가지고 하나님의 말씀에 순종하며 살 때 나는 기뻐하고 기뻐하노라.

나의 자녀들아! 많은 사람들아!

말씀 안에 은혜를 누리고 내려주는 복을 받길 원하노라. 구원의 은혜를 누리고, 내 사랑의 은총을 누리며, 이 땅에서의 고난도 견뎌내고 저 아름다운 천국에 이르기를 힘쓰며, 마음의 평안을 누리기를 바라노라.

2. 영광의 빛

빛은 어둠을 물리친다. 어둠이 물러나면 세상이 밝아진다. 세상이 밝아지면 세상은 평화롭다. 세상을 평화롭게 하는 이 빛은 예수 그리스도시며(요 1:9), 예수 그리스도의 빛으로 가득 찬 세상은 참으로 살기 좋은 세상이 될 것이다. 살기 좋은 세상은 욕심과 불의와 시기와 질투 등 죄악이 물러나고 사랑으로 넘쳐나는 사회공동체이다.

이천년 전 이 땅에 예수 그리스도의 빛이 임했으나, 사람들의 마음에 예수 그리스도를 영접하지 못하니 오히려 악이 성하여 혼탁한 사회로구나. 저마다 자기 욕망에 끌려 살며, 부와 명예와 썩어질 영광을 좇아 사는구나. 그러나 예수 그리스도의 빛을 발하는 자들로 인하여 나는 그나마 족하도다.

일어나라 빛을 발하라! 이사야 선지자의 외침처럼 많은 사람들이 예수 그리스도의 빛으로 나아오길 원하노라. 사람들의 마음에 예수 그리스도의 빛이 임하면 그 마음은 천국이 임한 마음이요, 그 마음은 예수 그리스도의 영광이 임한 마음이라. 어둠이 물러나면 사탄도 물러나고,

사탄이 물러남은 죄악이 사라짐이라.

사람들아! 마음에 예수그리스도를 영접하여 빛을 발하라. 예수 그리스도를 구주로 영접하여 회개하고 죄 사함 받고 성령을 선물로 받으라. 그 안에서 자유 함을 얻으리라.

믿음과 소망과 사랑은 항상 있을 것인데 이 중에 제일은 사랑이라(고전 13:13). 하나님은 사랑이시니 하나님 앞에 나오는 자는 영광의 빛을 보리라. 사람들의 마음에도 빛과 어둠이 있음을 알진데, 예수 그리스도와 함께하는 자는 어둠에 있지 아니하니라. 하나님은 사랑이시요(요일 4:8), 하나님은 빛이시니(요일 1:5) 사랑과 빛은 뗄 수 없는 관계라. 그러므로 하나님을 사랑하고 이웃을 사랑하는 자는 빛의 자녀라. 빛의 자녀는 빛의 열매를 맺나니, 빛의 열매는 모든 착함과 의로움과 진실함에 있느니라(엡 5:9). 사람이 제아무리 착하게 산다한들 얼마나 착하겠느냐? 이런 자들도 예수 그리스도의 빛을 받지 못하면 의로움에 나아오지 못하고 의롭다 칭함을 받지 못하느니라. 예수 그리스도의 빛을 받는다는 것은, 마음에 성령을 받는다는 것이요, 예수를 자신의 구주로 영접하고 믿음으로 산다는 것이요, 하나님의 사랑 안에 거한다는 뜻이니라.

사람들아 들으라!

이 세상은 온전한 영광의 빛이 임할 수가 없느니라. 그 이유는? 사람들은 죄성을 가지고 태어났으며, 죄를 통해 하나님의 영광을 가리우며, 사탄은 우는 사자처럼 끊임없이 하나님의 영광에 나아가지 못하도록 막아서기 때문이란다. 사람들의 연약함으로 인해 온전한 하나님의 영광 빛을 보지 못하고 힘들게 살아가는 것이 이 땅의 현실이란다. 그러나 이 땅에서도 소수의 사람들은 잠시 큰 영광의 빛에 이르기도 하나, 진실로 마지막 날에는 진정한 빛의 사람과 어둠의 사람으로 나뉘게 되느니라. 예수가 재림하면 빛과 어둠이 구분되어 빛의 자녀는 완성된 천국으로 들어가고, 어둠의 자녀는 불 못인 지옥으로 가느니라. 예수가 재림하면 사탄은 결박되어 무저갱에 갇히고(계 20:2-3), 진정한 빛의 나라, 한 점 어둠이 없는 나라 곧 하나님의 나라가 완성되느니라. 이때야 비로소 완전한 영광의 나라, 완전한 하나님의 나라가 세워지리니, 이 나라에 들어올 자 누구이겠느냐? 이 나라에 들어올 자는 예수 그리스도를 구주로 영접하고 하나님의 자녀 된 권세를 받아 하나님의 영광의 빛을 받은 복된 자들이니라. 성령이 마음에 임한 자들은 하나님의 영광 빛을 받은 자들이요, 사람들 안에 내주하신 성령께서 천국 백성으로 살아가도록 도우심으로, 사탄의 어떠한 방해에도 불구하고 궁극적으로 완성된 하나님의 나라로 인도 되리라.

3. 사랑하는 기쁨

"누가 우리를 그리스도의 사랑에서 끊으리요 환난이나 곤고나 박해나 기근이나 적신이나 위험이나 칼이랴"(롬 8:35)

영원한 사랑이 있다. 변하지 않는 사랑이 있다.

아프지 않는 사랑이 있다. 그 사랑은 주님의 사랑이라.

사랑 안에 모든 것이 감사되나니 고난도 감사요, 아픔도 감사로다.

누가 이 사랑을 막으리요, 누가 이 사랑을 끊으리요.

그 어떤 것도 그 무엇도 이 사랑을 막지 못하고 끊지 못하리니, 주님의 사랑은 안전한 사랑이라.

두 인격이 하나 되고 서로의 마음과 생각을 아나니, 많은 사람들아 이 사랑 안에 거하라. 역사의 흐름도 흐르는 강물도 이 사랑을 막지 못해 거대한 파도에도 침몰되지 않으며 앞을 향해 전진 하느니라.

사도 바울도 이 사랑을 믿으며 모진 고난을 당했으니, 이제는 천국에서 호화롭고 영광스런 자리에 앉았느니라. 다윗도 요셉도 사무엘도 모세도 그 사랑 먹으며 살았으니 아름답고 존귀한 자리에 앉았느니라.

가는 길이 험한 자들아! 이 사랑 안에 거하라!

잠시잠깐 나그네 인생길 지나고 영원히 아름다운 나라에 정착하리니 하나님의 상속자로 예수와 함께 왕 노릇하며 살리라.

믿음은 바라는 것들의 실상이요, 보이지 않는 것들의 증거니(히 11:1), 천국을 보여주라, 그러면 믿겠노라 하는 자가 누구뇨? 보이지 않아도 마음으로 믿고 주를 의지하면 때가 이르러 보게 되리라. 세월은 날아 신속하게 지나리니 예비하라! 준비하라! 장차 나타날 영광을 위하여 이 땅의 고난도 슬픔도 이겨내라.

근신하라 깨어라! 우는 사자가 너를 삼키려 두루 찾나니, 사탄 마귀는 너를 찾는 우는 사자라(벧전 5:8). 앞을 보지 못하는 사람은 달음박질하지 못하나니 영의 눈이 어두우면 어찌하랴? 말씀을 가까이하며, 깨어 기도하며, 범사에 감사 찬양하여 영의 눈을 뜨라.

열심을 내라! 영적 은혜를 사모하라! 진리 안에 천국을 소망하며 하나님의 사랑을 갈망하라. 빛으로 나와 죄악을 버리고 하늘의 신령한 은혜를 사모하라.

가정에서도 교회에서도 사회에서도 예수의 향기를 품어내고 불신자와 예수 그리스도의 중매자로 살기를 힘쓰라.

구만리 같은 인생이라고 장담하지 말라. 오늘 네 영혼을 불러갈지 누가 알겠느냐? 하루하루 그날그날이 내게 주어진 마지막 날을 사는 것처럼 살아가면 좋으련만..., 하여튼 하나님을 의식하며 생의 마지막 날을 준비하며 살아가라.

이 땅에서 심은 대로 거두리니, 썩어질 것을 심으면 받을 상급이 없을 것이나, 믿음의 선진들처럼 썩지 아니할 면류관을 받기 위해 힘쓰라. 구하는 자는 받을 것이며 찾는 자는 찾아낼 것이며 문을 두드리는 자에게는 열릴 것이라(마 7:8). 그러므로 구하라! 찾으라! 두드리라! 무엇을 아끼겠느냐? 무엇을 주지 않겠느냐? 나의 사랑 안에서 무엇이든 구하는 대로 얻으리라.

나의 사랑은 세상 사람들의 사랑과 달리 인격적 사랑이니 넓은 마음으로 내 앞에 나오라. 죄진 자도 나올 것이며, 병든 자도 나올 것이며, 가난한 자도 부요한 자도 보두다 내 앞에 나아오라. 나오는 자 만나 주리라. 진심으로 나를 찾는 자는 나를 만나리라. 내게 나와 말하라. 무엇이든 말하라. 어려움이 해결되며, 마음의 상처들이 치유되며, 질병을 이길 수 있도록 도우리라. 누구든 내 앞에 나와 예전에 행하던 나쁜 마음을 제하여 버리길 원하노라. 거친 마음도 부드러운 마음으로 차차 변해가는 복된 사람으로 세워 주리라.

4. 예수를 통하여

"다른 이로써는 구원을 받을 수 없나니 천하 사람 중에 구원을 받을
만한 다른 이름을 우리에게 주신 일이 없음이라 하였더라"(행 4:12)

들으라 사람들아!

나는 '여호와'라. 예수를 이 땅에 보내어 몸 찢고 피 흘려 십자가에
죽게 내어준 '여호와'라. 이스라엘 백성들을 나의 백성으로 삼아 언약
을 맺고 그 언약대로 시행하는 '여호와' 하나님이라. 이스라엘 백성들
은 나와의 언약을 지키지 못해 소수의 남은자만이 나의 백성이었다.

선민사상이 파기되고 이스라엘 외 이방나라로 나의 사랑이 옮겨졌
다. 많은 세월이 흘러 대한민국 땅에도 복음이 들어왔고, 복음을 통하
여 대한민국은 잘 사는 나라를 이루었다. 복음이란 예수 그리스도가 이
땅에 온 기쁜 소식이며 예수 그리스도를 통해 하나님께로 나아가는 길
이 열린 것이다. 이스라엘 땅에, 하나님의 아들인 예수는 동정녀 마리
아를 통해 성령으로 잉태되어 인간의 육신을 입고 태어났다.

그 나이 33세, 온 인류의 죄를 짊어지고 십자가에 피 흘려 죽었노라.

피 흘림이 없은즉 죄 사함이 없으므로(히 9:22), 예수는 인류의 죄를 사하려고 십자가에서 피 흘려 죽었노라. 이 사실을 믿고 예수를 따르는 자는 죄 용서함 받고 의롭다 칭함을 받아 천국에 들어갈 수 있느니라. 그러므로 예수는 생명이요, 길이요, 진리니라. 오직 예수를 통해서만 하나님께 나아갈 수 있고, 오직 예수를 통해서만 죄 사함 받고 천국에 들어갈 수 있느니라. 예수를 통한다는 것은 예수를 믿는다는 것이요, "십자가의 도"를 따르는 것이니라.

사람들아 들으라!

사도 바울은 엘리트(elite) 중에 엘리트였으나 자신이 가진 모든 것들을 배설물처럼 버렸느니라. 오직 십자가의 도, 예수를 아는 지식을 가장 고상하게 여기고 십자가의 복음만을 전파하며 살았느니라. 당시에 그는 삼층 층 하나님의 보좌에 이르러 말로 형언할 수 없는 광경을 보았노라. 지금은 바울이 얼마나 큰 영광을 누리며 사는지 저 세상에 와 보지 않고는 모를 것이다. 이는 이 땅에서 주를 위해 고난 받고 주를 위해 사는 자는 어떨지를 생각해 보라는 것이니라.

사람들아! 영혼을 가진 사람들아!

나 여호와는 아무도 멸망당하지 않고 모든 사람이 구원 받기를 원하노라. 특히 대한민국은 나와 언약 관계를 맺은 나라로서 만백성이 내 앞에 나오길 원하노라. 대한민국은 내 종 이승만을 통해 언약을 맺은 이스라엘과 같은 나라니라. 그러므로 대한민국 백성 한 사람 한 사람은 내게 소중하고 존귀한 존재니라.

많은 사람들아! 어서 속히 십자가 앞에 나와 죄 사함을 받으라. 험한 길 지나고 영광의 나라로 이끌리라. 이 땅에서의 고난은 장차 나타날 영광과 비교할 수 없도다(롬 8:18). 삶이 힘들다고 괴로워 말고 즐거운 삶을 살기 원하거든 내게로 오라. 오천만 민중이 모두 예수 앞에 나와 예배하길 원하노라. 나 만군의 여호와는 사랑과 평화와 영광중에 모든 백성들과 함께 하길 원하노라.

생명이 없는 종교는 영생을 얻지 못하고 영벌에 처하나니 역사의 주관자인 내게로 나오라. 나는 살아 있는 신이요 우상은 생명이 없느니라. 예수는 하나님의 본체이나 육신을 입고 성육신하여 많은 사람들의 대속물로 십자가에 못 박혀 죽었느니라. 죽은 지 사흘 만에 부활하므로 사망을 이겼느니라. 예수를 믿은 자들도 이와 같이 부활할 때가 오나니 썩어진 육신이 신령한 부활의 몸을 입고 살아날 때가 있느니라. 그때는 예수와 함께 영원토록 천국백성으로 왕 노릇 하리라.

5. 십자가의 능력

"죄의 삯은 사망이요 하나님의 은사는 그리스도 예수 우리 주 안에 있는 영생이니라"(롬 6:23)

십자가! 나사렛 예수의 십자가!

젊음의 나이에 "유대인의 왕"이라는 죄목으로 십자가를 지고 골고다 언덕길 올랐네. 갈고리 채찍에 맞아 쓰러지고 또 쓰러졌네. 누가 그를 그리되게 하였는가?

더러운 내 죄 때문에 대신 당하셨네. 피할 수 있었으나 자기 백성 살리기 위해 모진 고통 참으시고 참으셨네.

가는 길이 얼마나 두려웠을까? 얼마나 아팠을까?

세상 사람들은 그가 징계를 받아, 그가 저주를 받아 나무에 달려 죽는구나 했지만, 그의 속뜻은 아무도 몰랐네. 오직 아버지의 뜻을 따라 생명 주시기 위해 아무런 말없이 그 고통 당하셨네. 마지막 한 방울의 피까지 모두 쏟아 내시고 "다 이루었다" 그 더러운 죄 덩어리, 모두 청산했네.

이제는 십자가 복음의 믿음으로 의인의 반열에 서게 되네. 주 앞에 나오는 자 죄 사함을 얻고 하나님의 자녀가 되네. 죄의 삯은 사망이라고(롬 6:23) 그 사망에서 건져낼 자 누구인가? 오직 십자가에 달리신 예수 그리스도 뿐이니, 예수를 영접하는 자 하나님의 자녀가 되는 권세를 받아 사망에서 생명으로 건져냄 받도다.

그러니 사람들아! 예수를 믿자! 예수를 사랑하자! 예수를 따라가자!

예수 안에 생명 있네. 예수 안에 기쁨 있네. 예수 안에 영생이로다.

죄가 무엇이냐?

예수를 믿으면 죄 사함 받거니와 예수를 모르면 지은 죄가 그대로 남아 있어 그 죗값으로 사망에 이르느니라. 죄가 크든 작든 모두 죄인이니, 죄인들아 예수 앞에 나오라. 죄인들아 하나님의 은총 안에 성령을 받으라. 성령은 예수 그리스도의 영으로서 각 사람에게 임하여 그리스도의 사람으로 인(印)치느니라.

성령을 받은 자는 거듭난 자요, 중생한 자요, 그리스도의 사람이라, 하나님의 자녀라, 의의 종이라.

오순절 마가 다락방 120명 제자들에게 성령이 임하여 방언으로 말하였느니라. 이와 같이 성령은 능력을 나타내며 모든 것을 깨닫게 하시고 모든 것을 통달하시느니라.

사람들아! 성령 받기를 힘쓰라.

성령을 받으면 능력을 받고 은사를 받아 주 안에서 능치 못할 일이 없느니라. 인간으로써 할 수 없는 일들을 성령은 하시나니, 인간의 모든 지식과 지혜를 뛰어 넘는 것이 성령의 능력이라.

아브라함은 100세, 사라는 90세에 아들을 낳았느니라. 예수는 남자의 씨가 없이 성령으로 잉태되었느니라. 히스기야의 기도로 해시계가 10도 뒤로 물러났느니라. 홍해 바다를 갈라 이스라엘 백성들은 마른 땅 같이 건넜느니라.

기도하는 사람은 성령의 능력을 받아 병자도 치료되게 하고, 하나님의 뜻을 깨닫기도 하고, 장래 일을 말하기도 하느니라. 성령 하나님은 성부 하나님, 성자 하나님과 한분 하나님이시라. 성부, 성자, 성령은 삼위일체의 하나님이시라.

사랑하는 사람들아!

이렇게 좋은 것이 있는데 왜 관심이 없는 것이냐?

살아가는 길에 도움을 주시고, 알게 하시고, 느끼게 하시는 하나님이시라. 마음에 평안을 주시고 은혜를 주시며 좋은 것 주시기를 좋아하시는 하나님이시라. 사랑의 하나님, 공의의 하나님, 신실하신 하나님이시라. 모르는 것이 없으시며 거짓이 없으시며, 죄가 없으신 선하신 하나님이시라.

이런 하나님과 함께하는 사람은 차츰차츰 하나님을 닮아가고 결국 아름다운 천국으로 인도 되느니라.

6. 구원의 은혜

"만일 우리가 우리 죄를 자백하면 그는 미쁘시고 의로우사 우리 죄를 사하시며 우리를 모든 불의에서 깨끗하게 하실 것이요"(요일 1:9)

구원은 하나님으로 말미암느니라.

하나님이 세상을 사랑하사 독생자를 이 땅에 보내시어 구원의 은총을 베푸셨느니라. 에덴동산에 아담과 하와가 선악과를 따먹는 불순종을 저질러 죄가 생겨났고, 죄가 생겨나 아담과 하와는 에덴동산에서 추방되었느니라. 땅은 저주를 받아 가시와 엉겅퀴가 생겨났느니라. 인간은 아담의 원죄를 받아 죄인이 되었고 죄성을 가진 인간은 선한 사람이 하나도 없이 되었도다(롬 3:10).

"곧 모든 불의, 추악, 탐욕, 악의가 가득한 자요 시기, 살인, 분쟁, 사기, 악독이 가득한 자요 수군수군하는 자요

비방하는 자요 하나님께서 미워하시는 자요 능욕하는 자요 교만한 자요 자랑하는 자요 악을 도모하는 자요 부모를 거역하는 자요

우매한 자요 배약하는 자요 무정한 자요 무자비한 자라

이 중에 한 가지 것이라도 해당되면 다 똑같은 죄인이다. 죄의 삯은 사망이라고(롬 6:23), 인간은 사망 선고를 받은 것이다. 설사 이중에 해당된 죄가 없다 할지라도 아담의 원죄를 전가 받아 모두가 죄인이 되었다.

그러므로 '사망'이라는 죄의 삯을 지불해 줄 대상이 필요했다. 그 대상은 죄가 없는 인간이어야 했다. 모든 인간은 다 죄인이 되어 죄의 삯을 지불할 대상이 없으므로 하나님께서는 예수 그리스도를 이 땅에 보내셨다. 그리하여 예수는 십자가에서 피 흘려 인류의 죗값을 모두 지불했다. 그러므로 예수에게 속한 자는 죄 사함 받고 천국 백성이 될 수 있는 것이다. 누구든 예수의 의를 덧입고 죄인의 탈을 벗을 수 있는 것이다.

천국은 침노하는 자의 것이라고 침노하는 자는 빼앗느니라(마 11:12).

사람들아! 천국을 모르는 사람들아!

천국을 침노하라. 천국을 얻기 위해 예수를 구원자로 얻으라. 구원은 돈으로도 살 수 없고 선한 일을 많이 해서 사는 것도 아니니라. 누가 선한 일을 많이 하면 천국 간다 하더냐? 사람의 의로는 갈 수 없고 오직 예수의 십자가 공로로 가는 곳이 천국이니라. 다만 선한 일을 많이 하는 자는 내가 눈여겨보고 교회 안에 이끌리라. 나는 모든 사람들의 마음을 살피는 자라. 선을 따르는 자는 선으로 인도하고, 악을 따르는 자는 악으로 갚으리라. 그러나 악인도 가던 길을 돌이켜 예수 안에 들어오면 과거의 모든 죄를 용서 하느니라.

지금은 은혜 받을 때라. 지금은 구원의 때라.

구원의 문이 열렸으니 사람들아 오라!

질병도 많고 사고도 많은 세상에 네 삶이 한 달을 살지 일 년을 살지 어찌 아느냐? 영원의 세계를 바라보고 사는 자는 죽음도 두려움 없이 맞이할 수 있느니라.

나 여호와는 구원의 하나님이라. 천지를 창조하고 만유를 다스리는 자라. 인간도 태초에 내가 창조하였느니라. 흙으로 빚어 만들어진 사람아! 구원의 하나님을 의지하라. 예수 그리스도를 믿고 따르라. 성령을 받아 천국백성으로 살아가라.

천하보다 값진 보물

구원은 여호와께 속했네
구원을 받으면
천국 백성 되나니
천국을 침노하라.

제아무리 잘난 사람도
예수 믿지 않으면
구원의 반열에 들지 못해
오직 예수이름 뿐이라.

차별 없이 내려주는 구원!
십자가의 한 강도도
예수를 영접하여
낙원(천국)에 입성했네.

천하를 얻고도
생명을 잃으면 뭣해
예수 안에 생명은
천하보다 값진 보물이라.

기회 있을 때

마음 문 열어

네 구주를 영접하라!

영원한 안식 누리리라.

7. 하나님의 부르심

"또 어려서부터 성경을 알았나니 성경은 능히 너로 하여금 그리스도 예수 안에 있는 믿음으로 말미암아 구원에 이르는 지혜가 있게 하느니라 모든 성경은 하나님의 감동으로 된 것으로 교훈과 책망과 바르게 함과 의로 교육하기에 유익하니"(딤후 3:15-16)

은혜가 한량없이 내려온다. 은혜 받을 자에게 은혜가 내려온다. 은혜는 값없이, 조건 없이 내려진다. 그 값이 너무 커 평생 갚아도 갚을 수 없기에 값없이 내려준다. 생명의 값이 얼마이겠느냐? 계산할 수 없도다. 그런데 이 엄청난 은혜를 받지 못하면 어이할꼬?

"그들의 생명을 속량하는 값이 너무 엄청나서 영원히 마련하지 못할 것임이니라"(시 49:8)
"우리가 다 그의 충만한 데서 받으니 은혜 위에 은혜러라"(요 1:16)

은혜는 예수 그리스도를 통해 내려온다. 예수를 믿으면 구원의 은혜를 받고, 성령을 선물로 받고, 살아가면서 각양 좋은 것들이 하늘로부터 내려온다. 아이들에게도 어른들에게도, 남자에게도 여자에게도, 잘 산 사람에게도 못산 사람에게도 차별 없이 은혜를 주신다.

은혜를 받으려면 어찌해야 하나?

주 예수 앞에 부지런히 나와 은혜를 구하라. 구하는 자에게 이것저것, 은혜 위에 은혜로 충만케 하리라.

쉬지 말고 기도하라. 범사에 감사하라. 은혜가 너를 덮으리니 성령 안에 충만한 기쁨이 있으리라.

죄를 멀리하고 하나님을 가까이 하라. 내가 거룩하니 너희들도 거룩하라(레11:45; 벧전 1:16). 나는 죄가 없는 거룩한 하나님이라. 죄 있는 자는 예수 앞에 나와 회개하라. 천국이 네 안에 있느니라. 은혜 받을 그릇이 준비되면 넘치도록 부어 주리라.

가장 나쁜 사람은 누구인지 아느냐? 그는 바로 내 은혜를 거부하는 자라. 죄악으로 덮여 성령의 음성을 듣지 못하면 어이할꼬? 자꾸만 오라오라 하는데 자꾸만 멀리 가는 도다. 훗날에 병들면 내게 오려 하느냐? 훗날에 가진 것 모두 잃으면 내게 오려느냐? 그러지 말고 젊고 힘 있을 때 내게로 오라. 내가 너의 사랑을 받고 좋은 일 있게 하리라. 나는 오늘도 많은 사람을 부르고 또 불렀도다. 듣지 못한 사람이 너무 많아 내 마음이 아프도다.

사람들아 어리석은 사람들아!

내게 나와 은혜를 받으라. 좋은 것으로 내려 주리라. 나의 사랑을 부어 주리라. 이스라엘 백성들처럼 나를 등지면 내가 어찌할지 교훈 삼아

라. 바벨론 을래 강변에서 고국을 그리며 설움에 북받쳐 노래하던 그들의 심정이 어떠했을지 생각해보라. 예루살렘 성에 의인 한명이 없어 성은 불타고 멸망당했느니라.

사람들아! 나의 수없는 부름에도 돌아오지 않으면 나는 회초리를 들 수밖에 없노라. 이 글을 읽고 돌아오라 사람들아! 구원의 방주인 교회로 나와 예배하고 하나님 알기를 힘쓰라. 나는 선한 하나님이라. 생명을 얻게 하고 무엇이든 풍성히 내려주기를 원하는 하나님이라.

하루하루 한 달 한 달 살아가는 불쌍한 사람들아!
앞날이 두렵지 않느냐? 이미 이 세상은 많은 재앙으로 둘려 쌓였도다. 홍수, 가뭄, 전염병, 사고, 전쟁 등 많은 위험에 노출되어 살아가지 않느냐? 인간은 한계에 부딪치면 쓰러지고 또 쓰러지도다. 한계적인 인간은 신의 도움이 필요할 때가 너무 많도다. 나는 내가 원하면 재앙도 피해가게 하고, 좋은 일로 바꾸어 줄 수 있느니라. 나는 가나 혼인잔치에서 물로 포도주를 만든 창조주 하나님이라(요 2장). 나는 보리떡 다섯 개와 물고기 두 마리로 오천 명을 넘게 먹인 자니라. 나는 바다의 풍랑도 잔잔하게 하고, 귀신들도 내 앞에서 두려워 떠느니라. 나는 수많은 병자들을 치료했고, 죽은 자를 살리는 자라. 그뿐이냐? 나를 알려거든 성경을 보아라.

성경은 하나님의 말씀으로 예수 그리스도에 대해 기록되었느니라. 성경은 능력의 말씀으로 구원에 이르는 지혜가 있느니라. 교훈과 책망과 바르게 함과 의로 교육하기에 유익하니라(딤후 3:16). 사람들아! 성경을 통해 하나님을 알고 구원에 이르자. 은혜를 받자. 은혜 안에 뛰놀자!

8. 말은 영이니

말이 많은 사람은 실수가 많다. 말은 입을 통해 밖으로 나오면 다시 주워 담을 수가 없다. 그러나 말이 꼭 필요할 때는 말을 해야 한다. 말 한마디에 천 냥 빚을 갚는다는 속담이 있다. 그만큼 말은 금이 되기도 하고 독이 되기도 한다. 그러므로 말을 할 때는 정신없이 하지 말고 생 각해서 해야 한다.

말에는 사람의 인격이 묻어나므로, 좋은 말을 하는 사람은 좋은 인격 을 가진 사람이요, 악한 말을 하는 사람은 악한 사람이다. 발 없는 말 이 천리 길 간다는 말이 있듯이 말은 이사람 저사람 옮겨 다녀, 사람에 게 득과 실을 가져다준다.

사람들아! 좋은 말을 쓰자. 인격적인 말을 쓰자. 덕이 되는 말을 쓰자.

나 여호와는 말로 천지를 창조하였노라. "빛이 있으라"하니 빛이 있 었고, "물과 물로 나뉘라"하니 나뉘었고, "뭍이 드러나라"하니 뭍이 드 러났느니라. "나사로야 나오라"하니 무덤에 있던 죽은 나사로가 살아

나왔고, "네 죄가 사하여졌느니라"하니 중풍병자가 침상을 들고 일어 났느니라.

그러므로 말이 얼마나 중요한가를 생각하라. 세치 혀로 사람을 죽이 기도 하고 살리기도 하느니라.

"살리는 것은 영이니 육은 무익하니라 내가 너희에게 이른 말은 영이 요 생명이라"(요 6:63)

말은 영이요 생명이라. 사람의 입을 통해, 그 안에 있는 영이 생각하 고 말을 한다. 영이 못된 생각을 하면 못된 말을 하고 영이 좋은 생각 을 하면 좋은 말을 한다. 가룟 유다는 사탄에게 예수를 팔아넘길 생각 을 받아, 정녕 예수를 은 30에 팔았고, 결국 그는 지옥으로 갔느니라.

사람들아 말의 실수를 줄이자. 좋은 생각을 하여 좋은 말을 하자. 좋 은 말을 하려면 인격을 수양하고, 영의 약식을 많이 먹어야 한다. 영이 생각하고, 영이 말을 하는데 영의 양식이 부족하면 어찌 좋은 말을 할 수 있겠느냐? 성경에는 지혜와 지식이 넘쳐나느니라. 좋은 말이 성경 에 기록되어 있느니라. 영의 사람은 은혜를 끼치는 말을 하고, 영에 힘 이 되는 말을 하고, 생명의 말을 하느니라.

하루 24시간 중에 영의 양식을 얼마나 섭취하느냐? 매일 성경을 읽 는 습관을 들여야 하느니라. 매일 육의 양식을 먹는 습관처럼 영의 양 식도 습관을 들여 먹어야 하느니라. 모든 식물도 영양분이 있어야 자 라고, 사람의 육체도 영양분이 충분해야 성장하고, 영도 마찬가지인데,

네 영혼에 영양분이 결핍되면 어찌 되겠느냐?

은 쟁반에 금 사과처럼(잠 25:11) 아름다운 말, 은혜 되는 말은 전파되고 전파되어 엄청난 은혜를 누리고, 또한 좋은 일을 만들어 내느니라.

"만일 누가 말하려면 하나님의 말씀을 하는 것 같이 하고"(벧전 4:11)

"의인의 입은 지혜를 내어도 패역한 혀는 베임을 당할 것이라"(잠 10:31)

"사람은 그 입의 대답으로 말미암아 기쁨을 얻나니 때에 맞는 말이 얼마나 아름다운고"(잠 15:23)

"의인의 마음은 대답할 말을 깊이 생각하여도 악인의 입은 악을 쏟느니라"(잠 15:28)

"입과 혀를 지키는 자는 자기의 영혼을 환난에서 보전 하느니라"(잠 21:23)

9. 사랑과 돈

"돈을 사랑함이 일만 악의 뿌리가 되나니 이것을 탐내는 자들은 미혹을 받아 믿음에서 떠나 많은 근심으로써 자기를 찔렀도다"(딤전 6:10)

사랑은 모든 미움을 털어내고 모든 악한 것들을 물리친다. 사랑에는 자기의 유익도 개의치 않고 남을 위하는 힘이 있다. 그 힘은 생명의 힘이요, 사는 힘이라. 가만히 있으면 무엇 하나? 무엇이든지 서로 돕고 서로 위하자. 혼자이면 패하겠거니와 둘이면 맞설 수 있고 세 겹 줄은 쉽게 끊어지지 아니하느니라(전 4:12).

사람은 사회적 동물이니, 내가 속한 사회에 내 힘을 더해 좋은 사회를 이루어 가느니라. 한 방울의 물도 모아져 큰 그릇의 물이 되거든, 한 사람 한 사람의 힘이 합해지면 얼마나 큰 위력을 보겠느냐?

사람들아! 나만 위하지 말고 서로를 돌아보자. 먼저는 나를 돌아보고, 그 다음에 여력이 되거든 이웃을 돌아보자. 뭉치면 살고 흩어지면 죽는다는 말이 있다. 혼자만 잘 살고 많은 사람이 힘들게 산다면 이 사회는 살기 힘든 사회일 것이요, 서로 서로 나누며 돕는 사회는 사랑이 넘치는 복된 사회니라.

"금도 내 것이요 은도 내 것이라"(학 2:8). 많은 재물을 쌓고 살다가 오늘 밤 네 영혼을 불러 가면 그 재물이 네게 무슨 유익이 있겠느냐? 부동산을 늘리고 또 늘리는 사람들이 많도다. 부를 축적만 하는 사람들이 많도다. 반면 한 달을 견뎌낼 힘이 없어 생을 마감하는 사람이 있도다. 사람들아! 이를 보고 있는 내 마음은 찢어질듯 아프구나. 돈을 모아 엉뚱한 곳에 쏟아 붓는 사람들도 있구나. 반면 작은 금액이라도 서로 나누는 사랑스런 사람들도 있구나.

나 여호와는 예수와 함께 모든 사람들을 지켜보고 있노라. 나는 졸지도 잠자지도 않고 불꽃같은 눈동자로 모든 사람들을 감찰하고 있노라. 한 영혼 한 영혼이 내 앞에 서면 공의로 심판하리라. 내 앞에는 생명책과 행위책이 놓여 있느니라. 책들에 기록된 대로 심판하리라. 그러니 이 땅에서 생명이 끝나기 전, 아니 지금부터 서로 사랑하고 나누는 복된 삶을 살기를 원하노라.

사랑하는 사람들아!

나는 누구든 복 받기를 원하노라. 썩어질 것을 위해 사는 자는 복이 없을 것이니, 하늘의 신령한 복을 사모하라. 복중에 가장 큰 복은 영생의 복이며, 그 다음은 이 땅에서 평안과 안녕이니라. 기왕이면 하늘에 상급도 쌓고 이 땅에서도 평안과 풍요를 누리길 원하노라.

돈은 잘 쓰면 복이라. 반면 잘못 쓰면 악이라.

"돈을 사랑함이 일만 악의 뿌리가 되나니 이것을 탐내는 자들은 미혹을 받아 믿음에서 떠나 많은 근심으로써 자기를 찔렀도다"(딤전 6:10)

위의 말씀을 잘 묵상해 보라. 결국 돈의 욕심이 악이 되어, 믿음에서 떠나고 자기 자신을 헤치는 비극을 초래하도다. 그러니 어찌하면 좋겠느냐? 악을 제하려 돈을 없이 하려느냐? 금도 내 것이요 은도 내 것인즉, 나는 많은 생각을 하고 행하는 자니라. 돈이 그 사람에게 악이 되면 돈을 빼앗아갈 것이요, 나를 사랑하기보다 돈을 더 사랑하면 돈 줄을 끊어 놓기도 할 것이니라. 그러나 돈을 잘 쓰는 사람은 아낌없이 채워 주리라.

사람들아! 한치 앞을 모르는 사람들아!
많은 물질을 가지고 서로 사랑하라.
사랑은 아름다운 사회를 이루느니라.
사랑은 서로 서로 기뻐하느니라.
사랑은 허다한 죄를 덮느니라(벧전 4:8).
하나님을 사랑하는 자는 이웃을 사랑하는 자요, 그 속에 하나님의 영이 역사하느니라.

"돈을 사랑하지 말고 있는 바를 족한 줄로 알라"(히 13:5)
"너희를 위하여 보물을 땅에 쌓아 두지 말라 거기는 좀과 동록이 해하며 도둑이 구멍을 뚫고 도둑질 하느니라 오직 너희를 위하여 보물을 하늘에 쌓아 두라 거기는 좀이나 동록이 해하지 못하며 도둑이 구멍을 뚫지도 못하고 도둑질도 못하느니라"(마 6:19-20)

10. 하나 된 교회

"나는 이제 너희를 위하여 받는 괴로움을 기뻐하고 그리스도의 남은 고난을 그의 몸된 교회를 위하여 내 육체에 채우노라"(골 1:24)

내 안에 너희 안에 서로 하나 되어 한 몸을 이룬 내 백성들아!

삶이란 어려운 것만도 아니다. 또한 쉽게 생각할 삶도 아니다. 어렵게 사는 사람, 쉽게 사는 사람, 이 모양 저 모양이지만 결국은 천국이냐 지옥이냐 두 갈래 길이라.

이 땅에서도 마음에 천국을 이루고 잘 살아가면 좀 더 쉬운 삶을 살겠지만, 마음에 천국을 이루지 못한 자는 가는 길이 무거울 것이다.

교회를 다닌다 해도 마음에 천국을 이루지 못한 채 살아가기도 하는구나. 교회 내에도 불화가 있고, 심하면 평화가 사라진 교회도 있구나. 무늬만 교회이면 무엇 하나? 자기들끼리 잔치만 일삼는 교회도 있고, 자기들끼리만 위하는 교회가 많구나. 끼리끼리 나쁜건 아니지만, 나는 차별 없이, 이웃과 함께하는 교회가 많았으면 좋겠구나.

내 백성들아! 견문을 넓히라. 이 나라 온 백성이 내 백성이라. 이스라엘과 같이 이 나라 온 백성이 내 백성이라. 멀찍이 서서 교회를 바라보기만 하는 자들이 없기를 원하노라. 온 백성이 예수 앞에 나와 예배하기를 원하노라. 그러니 남녀노소 누구를 막론하고 내 앞에 나올 수 있도록 교회 문을 넓히라.

누가 교회가 너무 많다고 하느냐? 누가 신학생이 많다고 하느냐? 누가 목사가 많다고 하느냐? 나는 더더욱 많고 많았으면 좋겠구나. 온 백성이 신학공부를 하여 나를 아는 일에 힘썼으면 좋겠구나. 내 백성들아! 좋은 것은 늘리고, 나쁜 것은 줄이고 없이하라.

이단은 사라져야 할 것이며, 교회를 방해하는 어떠한 사상도 사라져야 할 것이니라. 반면 교회를 위하는 단체는 많을수록 좋은 것이니라. 어찌 교회가 사람 수 따라 영리를 취하려 하느냐? 사람이 없으면 헌금이 안 나오니 문 닫아야 하느냐? 나는 성도가 많든 적든 교회는 많아야 한다고 생각하느니라. 어려운 교회가 있다면 서로서로 돕는 일에 앞장서기를 바라노라.

누가 성도수로 교회의 크기를 판단하느냐? 누가 작은 교회를 업신여기느냐? 한 영혼이 천하보다 귀하니라. 목사도 한 영혼이요, 사모도 한 영혼, 그 가족들도 한 영혼 한 영혼이니라. 나는 아브라함 한사람으로 하나님 나라를 결속해 왔느니라. 지금도 목사 한사람을 통해서 큰일을 하고 있는, 나 여호와니라.

사람들아! 사랑하는 백성들아!
한 영혼을 귀히 여기라. 작은 교회를 무시하지 말라. 어린아이를 어리다고 무시하느냐? 그와 마찬가지 성도수가 몇 명밖에 안된다고 무시하느냐? 그런 자는 곧 나를 무시하는 것이니라. 이 땅에서 어려운 목회를 하는 자는 천국에서 더 큰 영광을 보리라. 교회를 세우는 자는 내가 큰 상급으로 갚아 주리라. 하여튼 어려운 교회를 보거든 물질로도 돕고, 힘으로도 돕고, 많은 기쁨 중에 함께 하기를 원하노라.

이웃교회를 강 건너 불구경기도 하는구나. 성도 하나를 두고 서로 다투는 교회도 있구나. 교회는 경쟁 상대가 아니라, 서로 힘을 합할 상대니라. 주안에서 모두가 한 몸 된 지체들이니라. 그러므로 교회마다 대한민국의 온 성도들을 한 몸 된 교회로 볼 수 있도록 견문을 넓히길 바라노라. 더 나아가 세계 모든 주의 백성들이 하나 되기를 원하노라. 끝내는 결국 그리스도의 완전한, 하나 된 큰 나라를 이루리라.

그러므로 이제는 보다 더 확장되길 기도하며 나아가라. 개미처럼 부지런하고 뱀처럼 지혜로워라(잠 6:6; 마 10:16).

많은 교회들이여! 일어나라! 힘을 내라!

내 이름으로 선 교회마다 나는 기뻐하며 도우리라. 회개운동도 하고, 전도대회도 하고, 이웃사랑 실천도 하고, 영성훈련도 하고, 봉사활동도 하며 주 안에서 무엇이든 열심을 내라. 성령께서 함께 하리라.

11. 삶의 무게

"우리가 살아도 주를 위하여 살고 죽어도 주를 위하여 죽나니 그러므로 사나 죽으나 우리가 주의 것이로다"(롬 14:8)

노아는 홀로 큰 방주를 지었다. 방주는 노아 가족을 구원한 방주였다. 누가 이런 일을 할 수 있을까? 수십 년의 세월동안 얼마나 갈등했을까? 자고 일어나면 근심하고 번민하고 그랬었노라. 나 여호와는 오늘날에도 노아 같은 자를 또 만나고 또 만난다. 노아같이 번민하면서도 자기에게 주어진 사명을 끝까지 감당하는 사람들이 많이 있음을 지켜보고 있다. 어디 노아뿐이겠느냐? 아브라함은 어땠겠느냐?

그는 75세에 하란에서 부름을 받아 100세에 겨우 아들하나 얻었느니라. 그러면서도 "열국의 아비"라는 이름으로 살았느니라. 오래 참아 복을 받은 아브라함이니라(히 6:14-15). 야곱은 어땠겠느냐? 130년 세월을 험악하게 살았다고 애굽의 바로 왕 앞에서 자신의 삶을 고백 했노라(창 47:9). 요셉은 17세에 노예로 팔려가 억울하게 감옥에도 갇히고, 30세에 애굽의 총리가 되었느니라(창 41:41,46). 다윗은 10년 이상을 사울 왕에게 쫓겨 다녔느니라. 크게 쓰임 받는 사람일수록 많은 세월을 참고 견디었느니라.

말세지말(末世之末)에 사탄은 우는 사자처럼 덤벼들고, 사는 것이 쉽지만은 않을 것이다. 방법은 하나님을 더욱 의지하며 살아내는 것이 최선의 방법일 것이다. 그런데 가면 갈수록 세상을 향해 나가는 사람들은 어찌하랴? 결국은 다시 돌아오는 것을, 돌고 돌아 허송세월만 하는구나. 권투 선수가 허공을 치는 것처럼 사는 자들이 많도다. 달리기 선수가 향방 없이 달리는구나.

자녀들아! 뚜렷한 목표도 없이 살면 아니 되느니라. 잘 사는 사람도 있겠지만, 나는 모두가 잘 살길 원하노라. 독생자를 십자가에 내어준 내가 무엇을 아끼겠느냐? 그러나 주고 싶어도 주지 못하고 안타까워하노라. 문 밖에 서서 문을 두드리나 듣지 못하고 외면하는구나.

사랑하는 나의 신부들아!

나와 함께 아름다운 땅에 들어 가자구나.

때가 되면 나 있는 곳으로 이끌리라.

속히 아름다운 신부로 예비하고 예비하라.

준비된 자만이 나 있는 곳에 들어오리라.

의의 두루마기 입고 모진 삶도 이겨내라.

성령의 역사를 나타내어라. 나타남이 없는 것은

반드시 이겼다고만 할 수 없느니라.

기왕이면 확실하고 분명한 믿음을 가지라.

기왕이면 뜨거운 열정으로 사랑하며 살아가라.

삶의 무게가 얼마나 되겠느냐? 그 무게는 가벼울 수도 무거울 수도 있느니라. 나의 멍에는 쉽고 가벼움이라(마 11:30). 짊어진 짐이 무겁거든 내게로 나오라. 내게 나와 마음의 쉼을 얻으라. 마음이 무거우면 삶도 버거우니라. 부자는 마음의 짐이 없을 것 같아도 그렇지도 않도다. 가난한자는 삶이 버거워 힘들지라도 내게 나와 쉼을 얻는도다.

영원한 안식에 이르면 얼마나 좋으랴? 육신의 장막을 벗고 안식할 날 속히 오리니, 사람들아! 조금만 더 힘을 내보자. 어떠한 경우든 삶을 포기하지 않길 바라노라. 삶이 힘들거든 나를 보라. 갈보리 십자가에 매달린 예수를 바라보라. 힘들어도 져야하는 짐이 있다. 저마다 자기 십자가를 달게 지고 주를 따르라. 십자가는 생명의 십자가라. 십자가를 버리면 생명을 버리느니라. 십자가의 고난 뒤에는 반드시 영광이 찾아옴을 잊지 말고, 주를 의지하여 살아가라. 주 십자가를 의지하라. 피 묻은 십자가를 놓지 마라. 예수의 능력이 네게 넘치리라.

12. 주님의 부탁

"온갖 좋은 은사와 온전한 선물이 다 위로부터 빛들의 아버지께로부터 내려오나니 그는 변함도 없으시고 회전하는 그림자도 없으시니라"(약 1:17)

나는 처음과 나중이라. 나는 알파와 오메가라.

처음부터 너를 알았고 지금까지도 너를 지켰느니라. 무수한 일도 있었고 숱한 고난도 있었다. 그러나 내가 너를 세웠고, 내가 너를 사용하리라. 너는 오로지 기도하며 말씀 위에 굳게 서라.

마음에 얼어붙었던 감각도 되살리고 모든 것들을 나 여호와가 주장하리라. 예수와 함께 가는 힘난한 길일지라도 내 안에 네 안에 하나 된 기쁨이 샘솟듯 넘쳐나리라. 자기 맡은 일에 충실한 자, 기필코 주의 영광 보리라. 언제나 주 안에 거하여 새 힘을 받고, 맡겨진 사명 따라 감사함으로 살아가라.

시간을 아끼라. 때가 악하니 깨어 기도하라. 성령 안에서 수시로 기도하라. 분별의 영을 주어 깨닫게 하리라. 너를 위하는 자 복이요, 너를 해하는 자 화로다.

악은 어떤 모양이라도 버리고 선에 속하라. 선은 사람을 겸손하게 만드나니, 주안에서 교만의 싹을 제하고 온유와 겸손의 자세를 취하라. 은혜가 떨어지면 속히 마음을 정비하라. 일이 너무 힘들면 영적 힘도 약해지나니, 적당한 일을 하며 삶을 잘 관리하라.

성령의 열매는 9가지, 사랑과 희락과 화평과 오래참음과 자비와 양선과 충성과 온유와 절제니(갈 5:22-23), 모든 것을 성령 안에서 이루라. 기도 없이 일을 행하지 말고, 무슨 일이든 기도한 후 성령의 인도하심 따라 일하라. 아비규환의 악한 시대, 하나님의 지혜를 구하라.

"온갖 좋은 은사와 온전한 선물이 다 위로부터 빛들의 아버지께로부터 내려오나니 그는 변함도 없으시고 회전하는 그림자도 없으시니라"(약 1:17)

은사를 구하라. 이미 많은 은사를 가졌으나 끊임없이 구하라. 나는 변함없이 너와 함께 하리라. 작은 일에 충성하며 큰일에도 충성하라. 도마처럼 자주 의심하면 사탄이 틈타나니 의심을 제하고 확신에 거하라.

나 예수는 만인의 지아비라. 예수의 신부들 곱게 단장하여 내게 있게 하라. 예수는 힘이라. 예수는 능력이라. 지혜와 권능의 주시라. 사랑과 화평이며 온유와 겸손이라. 위대한 사람도 예수의 사랑을 초월하지 못하였노라. 예수의 사랑은 그 깊이와 높이와 크기가 말로 형언할 수 없나니, 늘 항상 예수의 사랑에 갈급해하며 그 사랑알기에 힘쓰라. 자는 자들은 나팔을 울려 깨우고 예수의 사랑을 먹이라. 하나님의 말씀을 먹이라. 은혜에 감각하면 찬양이 절로 나오나니 찬양하는 자들은 은혜를 흡족히 받으리라. 헛된 것에 소망을 두지 않고, 주 은혜 안에 거하여 하늘 영광 나타내라. 마음을 지키지 못하면 생명도 희미해지니 네 마음을 잘 지키라.

"모든 지킬 만한 것 중에 더욱 네 마음을 지키라 생명의 근원이 이에서 남이니라"(잠 4:23)

다툼과 분 냄을 그치고 해가지도록 분을 품지 말라. 왕 중 왕 예수의 왕비로서 품위를 지키고 흠과 티가 없는 삶을 살기를 힘쓰라. 약속하신 것들을 소망으로 품고, 그 약속 이루기를 힘쓰라. 천국에 소망을 두고 영생복락을 꿈꾸라. 찬란한 영광중에 거할 날이 가까이 왔으니 항상 기뻐하며 구원의 영광을 바라보라. 대망의 날은 그저 주어지지 않느니라. 끊임없이 그날을 향해 전진하라. 사소한 일에 전전긍긍하지 말고 큰 소망을 바라보며 은혜 안에 거하라.

사시사철 푸르름

올라가라 올라가라
높이 올라가라
낮이나 밤이나

꿈을 향해 올라가라

뒤틀뒤틀 하면

떨어질 수 있어

거센 비바람에도

올라가라 올라가라

장래 일을 말하며

하나님의 뜻을 분별하고

사시사철 푸르름으로

뻗어나라 뻗어나라

성령의 불도가니에

단련된 내 영혼아!

소스라친 놀람에도

피어나는 내 영혼아!

작은 꽃이 아름답니

큰 꽃이 아름답니

모든 꽃은 아름다워

꽃 중의 꽃 향기진한 꽃이라.

13. 넘어지지 않을 믿음

"그러므로 하나님의 전신갑주를 취하라 이는 악한 날에 너희가 능히 대적하고 모든 일을 행한 후에 서기 위함이라"(엡 6:13)

사람의 마음은 갈대와 같다. 이리 흔들 저리 흔들, 흔들흔들 하다가도 바람이 그치면 제자리에 선다. 그러나 뿌리가 약하여 바람에 뽑혀버리면 어찌할까? 그러면 안 되지! 그건 죽음이야!

사람들아! 주안에 뿌리를 깊이 내려라.

어떠한 풍파가 몰아쳐도 뒤집히지 않을 든든한 신앙의 뿌리를 내려라. 강한 사람은 강한대로 약한 사람은 약한 대로 훈련의 강도는 있겠지만, 그래도 항상 흔들리지 않을 믿음을 가지라.

가다가 힘들면 잠시 쉬어갈수 있으나 마냥 주저앉아 버리면 어찌할까? 많은 사람들이 절망 중에 주저앉아 나를 바라볼 여력이 없도다. 그저 눈앞에 보이는 시선에만 집중하여 푯대를 잃고 힘없이 있구나.

사랑하는 사람들아!

나 여호와는 너희를 향한 생각이 많도다. 너희 생각과 내 생각은 많이 달라 어찌하면 좋을지, 생각하고 또 생각하노라. 이리하면 좋을까? 저리하면 좋을까? 하루에도 무수한 생각을 하도다. 내 생각은 너희들에게 더 좋은 것으로 주고자 하는 것이며, 더 좋은 길로 인도하고자 하는 것이니라.

사탄은 죽이고 멸망시키는 것이 목적이지만, 나는 선한 목자라. 선한 목자는 양으로 생명을 얻게 하고 더 풍성히 얻게 하려는 것이라(요 10:10-11), 너희들의 삶을 풍성하게 하고, 선한 길로 이끌려는 것이 나의 뜻이니라.

이스라엘 내 백성을 왜 바벨론의 포로로 넘겼겠느냐? 그대로 두면 모두가 멸망되어 썩어지기 때문이란다. 그러므로 희망을 주기 위해 내 아픈 마음을 감수하고 적국의 포로로 내던졌던 것이다. 그러나 나는, 내 백성을 끝까지 책임지는 여호와라. 다시 정결한 마음으로 돌이켜 복을 주고 싶었노라.

내 백성들아! 시험당하지 않으려거든 진리 위에 서라. 사탄에게 틈을 주지 말고 오직 말씀위에 서라. 성령의 검인 하나님의 말씀은 예리하여 혼과 영과 관절과 골수를 찔러 쪼개나니(히 4:12), 하나님의 말씀을 무기 삼으라.

"우리의 씨름은 혈과 육을 상대하는 것이 아니요 통치자들과 권세들과 이 어둠의 세상 주관자들과 하늘에 있는 악의 영들을 상대함이라"(엡 6:12)

그러므로 하나님의 전신갑주를 취하라. 진리의 허리띠를 띠고, 의의 호심경을 붙이고, 평안의 복음의 신을 신고, 믿음의 방패를 가지고 구원의 투구를 쓰라. 마귀를 대적하는 싸움을 끝까지 잘 싸워 승리하기를 원하노라.

우상은 무엇이냐? 생명에서 멀어지게 하는 모든 것이 우상이 될 수 있느니라. 돈이 우상이 되기도 하고, 명예가 우상이 되기도 하고, 또한 사람이 우상이 되기도 하고, 세상을 향한 욕망이 우상이 되기도 하느니라. 누가 어떤 것을 좋아하거든 이 일이 하나님과 가까워지는 일인가를 먼저 생각하기를 바라노라. 생계를 위한 일은 필요하나 생계를 위한답시고 하나님과 멀어져서는 아니 되느니라. 틈틈이 영적 생활에 마음을 쓰고 매진하라. 세월은 신속하게 날아 곧 인생의 꽃이 지리라.

병자들은 병을 낫기 위해 기도하고 하나님을 더 가까이 하라. 몸도 마음도 더욱 좋아질지 누가 아느냐? 많은 기도의 사람들이 있었노라. 히스기야는 죽을병이 들었으나 벽을 향해 눈물로 통곡하며 기도했노라. 그 결과 15년의 생명을 연장 받았느니라. 응답의 증표로 해시계가 10도를 뒤로 물러났지 않았느냐(왕하 20:1-11)?

열두 해 동안 혈루증을 앓던 여인은 예수님의 옷자락만 잡으면 낫겠다는 믿음으로 예수 앞에 나와 치료 받았지 않았느냐(마 9:20-22)? 수로보니게 여인의 믿음을 보아라. 개 취급을 당하고도 자신의 딸을 위해 예수께 간구하지 않느냐? 그 결과 자신의 딸에게서 귀신이 떠나갔느니라(막 7:24-30).

이와 같이 누구든 간절히 내게 구하는 자는 얻을 것이요, 병자라도 치료함 받으리라.

14. 환난 날에 나를 부르라

"환난 날에 나를 부르라 내가 너를 건지리니 네가 나를 영화롭게 하리로다"(시 50:15)

수많은 날들을 견뎌낸 사람들아!

마지막 그날까지 견뎌내길 바라노라. 이 땅의 삶을 살아본 나 예수는 모든 것을 체휼했노라. 마귀에게 시험도 당해봤고, 배고픔도 겪어봤고, 슬픔도 눈물도 겪어보았노라. 살아가는 여정이 고된 여정임을 아노라. 그러나 잘 이겨내고 하늘 보좌에 앉은 승리의 기쁨이 얼마나 큰지, 이 땅의 사람들은 모를 것이다.

바울은 생전에 낙원(천국)의 아름다움을 겪어 본 자라(고후 12장). 그러므로 오직 그 천국을 바라보고 모든 것을 견뎌낼 수 있었느니라. 이 땅에서 환난을 당한 자들은 하늘의 소망을 크게 가질 것이라.

사람들아! 아픔도 눈물도 저주도 없는 저 천국에 이르기 위해서는 이 땅의 삶을 잘 견뎌내야 하느니라. 이 땅에서도 즐거운 삶을 사는 자들은 말할 것 없지만, 그렇지 못한 자들은 힘을 내어 잘 견디어라. 내가 붙들리라. 내가 인도하리라. 머지않아 환희의 새날이 오리니 환난도 삶의 고난도 나와 함께 이겨 내자구나.

"두려워 말라 내가 너와 함께 함이라 놀라지 말라 나는 네 하나님이
됨이라 내가 너를 굳세게 하리라 참으로 너를 도와 주리라 참으로 나의
의로운 오른손으로 너를 붙들리라"(사 41:10)

두려움이 몰려오거든 주를 생각하라. 두려움은 마음을 약하게 하느
니라. 마음이 약하면 의지도 꺾이고 살아갈 힘도 잃게 되느니라. 항상
좋은 것들을 생각하며 좋은 것들을 보라. 악은 어떤 모양이라도 버리라
(살전 5:22). 은혜가 떨어지면 다시 은혜를 채우고, 내 앞에 나와 구하
고 찾으라. 범죄한 인간들은 원래 선한 것이 없도다. 그러므로 사람에
게 상처를 받거든 크게 상심치 말고 내게 나와 속히 털어내 버리라. 근
심이 쌓이고 쌓이면 화병이 되나니 속히 털어내라. 화병은 몸을 병들게
하느니라. 마음의 즐거움은 양약이 되나니, 즐거움도 주안에서 찾으라.

"마음의 즐거움은 양약이라도 심령의 근심은 뼈를 마르게 하느니
라"(잠 17:22)

사람마다 이렇게 저렇게 믿음의 분량도 다르고 생활의 가치도 다르
나니 사람들의 다양성을 이해하고 판단하지 말라. 판단하는 자는 자신
도 판단 받나니 서로 상처주고 상처 받는도다. 남의 일에 이해가 되지
않거든 그를 위해 기도하라. 나는 기도를 듣고 너희들을 위해 일하는

자라. 기도하는 자는 무너지지 않으리라. 기도하는 자는 힘을 얻으리라. 기도하는 자는 깨달음 받으리라.

"아무것도 염려하지 말고 다만 모든 일에 기도와 간구로, 너희구할 것을 감사함으로 하나님께 아뢰라

그리하면 모든 지각에 뛰어난 하나님의 평강이 그리스도 예수 안에서 너희 마음과 생각을 지키시리라"(빌 4:6-7)

"너희 염려를 다 주께 맡기라 이는 그가 너희를 돌보심이라"(벧전 5:7)

제아무리 큰 문제라도 내게로 가지고 나오라. 마음의 평안을 얻게 하리라. 살아 있는 하나님을 살아있는 하나님으로 인식하지 못하고 느끼지 못하면 문제는 커지기 마련이니, 진심으로 나오라. 나는 전능의 하나님이라. 믿고 구하는 자는 얻으리라.

"환난 날에 나를 부르라 내가 너를 건지리니 네가 나를 영화롭게 하리라"(시 50:15)

사람을 의지하지 않고 내 앞에 나와 나를 의지할 때 내가 너희를 기쁘게 여겨 환난에서 건져내리라. 유다 왕 히스기야는 앗수르 군대가 예루살렘을 포위했을 때 내게 나와 기도했노라. 그러므로 나는 앗수르 군

사 18만 5천명을 하룻밤에 쳐 죽였노라.

　"이 밤에 여호와의 사자가 나와서 앗수르 진영에서 군사 십팔만 오천명을 친지라 아침에 일찍이 일어나보니 다 송장이 되었더라"(왕하 19:35)

15. 새 사람답게 살라

"오직 너희의 심령이 새롭게 되어 하나님을 따라 의와 진리의 거룩함으로 지으심을 받은 새 사람을 입으라"(엡 4:23-24)

다시스로 간 요나는 풍랑을 맞아 바다에 던져졌다. 큰 물고기가 요나를 삼켰다. 요나는 물고기 뱃속에서 회개하고 기도했다. 하나님께서 물고기에게 명하사 요나를 육지에 토해 내게 하셨다. 요나는 즉시로 니느웨로 가서 하나님의 메시지를 전했다. 니느웨는 앗수르의 수도로 이스라엘을 무척이나 괴롭혔던 나라였다. 결국은 이스라엘을 삼켰던 나라였지만, 그전에 당시 요나는 니느웨로 가서 심판의 메시지를 전했다.

"요나가 그 성읍에 들어가서 하루 동안 다니며 외쳐 이르되 사십 일이 지나면 니느웨가 무너지리라 하였더니"(욘 3:4)

니느웨 사람들은 당시 악독이 가득했었다. 요나를 통해 심판의 메시지를 받은 니느웨는 하나님을 믿고, 금식을 선포하고, 굵은 베옷을 입었다. 굵은 베옷을 입는다는 것은 자신을 겸손히 낮추며 회개한다는 의

미이다. 하나님께서는 니느웨 사람들의 회개를 받으셨다. 그러므로 하나님께서 니느웨를 멸망시키려는 심판의 뜻을 돌이키셨다.

이와 같이 죄악 중에 있는 사람이 하나님의 말씀을 깨닫고 회개하면, 하나님은 용서해 주신다. 하나님은 많은 사람들이 회개하고 죄악 길에서 돌이키길 원하신다.

그러므로 사람들아! 죄인들아! 어서 속히 죄의 길을 돌이켜 하나님께로 나오라. 하나님은 너를 기다리신다. 잃은 양 한 마리를 찾아 헤매는 목자의 음성을 듣고 어서 속히 그 음성에 응답하라.

예수님은 10명의 문둥병자를 고쳐주셨다. 그런데 사마리아인 한 사람만이 예수님 앞에 나와 감사했다. 당시 문둥병자는 사람들과 격리되어야 했고 사람 취급을 받지 못했었다. 그 고충이 얼마나 컸을지 짐작할 수 있다. 그런데도 문둥병을 치료 받은 10명 중 9명은 감사할 줄 몰랐다. 은혜를 모르는 사람인가? 사람은 마땅히 은혜 받은 것에 대한 감사가 있어야 한다.

마찬가지로 구원 받은 백성들은 그 은혜에 대해 감사하는 삶을 살아야 한다. 감사하는 삶이란? 또 다시 십자가를 욕보여서는 아니 되는 삶이다. 십자가의 은혜를 가벼이 여기고 다시 옛사람으로 돌아가면 아니된다. 마땅히 새로운 피조물이 되었으니 새 사람으로 살아야 한다. 새 사람이란 무엇인가?

"오직 너희의 심령이 새롭게 되어 하나님을 따라 의와 진리의 거룩함

으로 지으심을 받은 새 사람을 입으라"(엡 4:23-24)

　　과거에는 자기 욕심을 따라 죄의식 없이 살았을지언정 이제 새 사람을 입은 자는 성령의 이끄심 따라 의의 무기로 살아야 한다. 날마다 성령의 도우심으로 죄를 이기고 거룩한 백성으로 살아가야 한다. 은혜 아니면 살아갈 수가 없다고 입버릇처럼 말하면서 썩어져 가는 구습을 좇아 사는 사람들이 많도다. 성령의 사람이면 성령의 사람으로 살라. 하나님이 거룩하신 것처럼 너희도 거룩하라. 은혜를 자유삼아 죄를 행하면 아니 되느니라. 도둑질하는 자가 또 도둑질 하려느냐? 간음하는 자가 또 간음 하려느냐? 이웃을 탐내는 자가 또 이웃을 탐내느냐? 죄는 구원에 이르지 못하느니라.

　　"개들과 점술가들과 음행하는 자들과 살인자들과 우상숭배자들과 및 거짓말을 좋아하며 지어내는 자는 다 성 밖에 있으리라"(계 22:15)

　　"자기 두루마기를 빠는 자들은 복이 있으니 이는 그들이 생명나무에 나아가며 문들을 통하여 성에 들어갈 권세를 받으려 함이로다"(계 22:14)

　　개들은 죄짓는 부정한 사람들 곧 영적 이방인들을 뜻하느라. 그러므로 불신자들처럼 구별 없는 삶을 살아가서는 아니 된다는 뜻이다. 날마다 자기 두루마기를 십자가의 보혈에 빠는 자들은 복이 있으리라.

16. 무조건 전도 하여라

"많은 사람을 옳은 데로 돌아오게 한 자는 별과 같이 영원토록 빛나 리라"(단 12:3)

전하는 사람이 없으면 어찌 들으리요. 전하는 것은 복음이니 복음의 사람들아 복음을 전하라. 복음의 빚을 졌으니 그 빚을 갚으라. 일생동 안 한사람도 전도하지 못한 자가 있느냐? 그런 자는 각성하고 꼭 전도 하기를 부탁한다. 많은 사람을 교회로 이끈 자는 더욱 많이 전도할 것 이요, 그렇지 못한 자도 열심을 내어 전도하라.

일생에 서너 명은 전도해야지 않겠느냐? 어린아이들도 친구를 전도 하는데, 어른이 되어 전도하는 일에 남의 일처럼 생각하는 자가 있느 냐? 전하지 않으면 어찌 받겠느냐? 주위에 많은 사람들이 있지 않느냐? 전도 많이 한 자들을 교회로 초청하여 들어보라. 어찌하면 많은 사람들 을 전도하는지, 잘 듣고 그대로 따라해 보라.

전도는 생명을 살리는 일이라. 전도는 이웃사랑이라. 이웃에 사는 사 람이 지옥을 향해 가는데 보고만 있을 수 있느냐? 속히 하나님의 사랑을 전하라. 십자가에서 죽으신 예수를 전하라. 십자가에서 피 흘려 내 죄를 대속하신 예수를 전하라. 십자가에서 죽으시고 사흘 만에 부활하신 예수를 전하라. 이 예수를 믿지 않으면 죄 사함 받지 못해 지옥 간다는 사실을 전하라. 사람은 언젠가는 죽게 되고 죽은 후에는 천국과 지옥이 있음을 전하라. 나 여호와는 전도할 때 함께 하리라. 복음을 전하기가 힘이 들면 무슨 방도를 쓰든 교회로 인도해 하나님의 말씀을 듣게 하라. 전도하는 자에게 천사도 함께하여 도우리라. 썩어질 헛되고 헛된 것에 시간을 줄이고 영적 일과 하나님 나라를 위해 시간을 투자하라.

"많은 사람을 옳은 데로 돌아오게 한 자는 별과 같이 영원토록 빛나리라"(단 12:3)

그러므로 사람들아!
전도의 상급을 쌓으라. 영원한 나라에서 영원토록 빛나리라. 이 땅에서 잘 사는 순위가 있듯이 저 하늘 위에서도 계급이 있느니라.

"해의 영광이 다르고 달의 영광이 다르며 별의 영광도 다른데 별과 별의 영광이 다르도다"(고전 15:41)

이처럼 천국에서 빛나는 영광이 모두 다르니라. 누구는 해처럼 빛나고, 누구는 달처럼, 누구는 별처럼 빛나는데, 수많은 별들의 빛이 모두 다르니라. 썩어질 이 땅에서는 상위층이나 중상층에 끼려고 발버둥 쳐 노력하면서 왜 천국의 계층은 생각하지 않는 것이냐? 전도를 얼마나 많이 했느냐에 따라 그 영광이 나타나리라. 천하보다 귀한 생명을 살리면 그 대가가 크지 않겠느냐? 사람들아 이 일을 명심하라. 나 여호와는 전도하는 입과 발을 눈여겨 볼 것이니라.

초대교회 성도들을 생각해보라. 사람의 말을 듣지 않고 오직 "예수는 그리스도라", "예수는 부활 했노라" 목숨 걸고 전도하는 그 모습을 생각해 보라. 지금 너희들은 전도한다고 누가 잡아 가두는 사람이 있더냐? 전도한다고 사형시키는 제도가 있더냐? 대한민국 남한 땅에...,
바울은 심었고 아볼로는 물을 주었으되 나 여호와는 자라게 하느니라(고전 3:6). 너희들이 전도하면 전도된 자의 믿음은 내가 자라게 할 것이니라. 그러니 아무것도 염려 말고 무조건 전도하라. 하늘의 상급이 크니라.

17. 사랑은

"우리가 지금은 거울로 보는 것 같이 희미하나 그 때에는 얼굴과 얼굴을 대하여 볼 것이요 지금은 내가 부분적으로 아나 그 때에는 주께서 나를 아신 것 같이 내가 온전히 알리라"(고전 13:12)

사랑은 위대하다. 사랑은 부드러우면서도 힘이 있다. 흔히 고린도전서 13장을 사랑장이라고 부른다.

"사랑은 오래 참고 사랑은 온유하며 시기하지 아니하며 사랑은 자랑하지 아니하며 교만하지 아니하며"(고전 13:4)
"불의를 기뻐하지 아니하며 진리와 함께 기뻐하고"(고전 13:6)

이 외에도 사랑에 대해 말해 주고 있다. 사랑은 성내지 아니하고 사랑은 모든 것을 참아낸다고 말씀하신다. 사랑에는 아픔이 없어야 하건만 왜 사람들은 아픈 사랑을 하는 것일까? 그건 참 사랑이 아니기 때문이다. 참 사랑은 남을 아프게 하지 않는다. 자기의 유익보다는 상대의 유익을 생각한다. 사랑은 진리 안에서 기쁜 것처럼, 사랑하면 기쁨이 솟는 것이다.

나 여호와는 사람들을 사랑하여 독생자도 아낌없이 죽음에 내어 주었다. 이처럼 참 사랑은 아낌없이 주는 사랑이다. 사랑 안에서 서로 주고받으며 행복한 삶을 영위해야 한다. 믿음과 소망과 사랑 중에 제일은 사랑이다(고전 13:13). 마지막 날에는 믿음도 폐해지고 소망도 폐해지나 사랑은 영원토록 남아 있다.

천국을 한마디로 말하면 "사랑의 나라"라고 말할 수 있다. 그곳에는 사랑장에 나온 말씀들이 필요 없는 곳이다. 왜냐하면 오래 참을 일도 없고 시기할 일도 없고 자랑하지도 교만하지도 않는 곳이기 때문이다. 천국 사랑의 나라는 사랑이 자연스레 묻어나는 곳이다. 하나님은 사랑이시고(요일 4:8), 하나님과 하나님의 백성들이 사는 곳이 천국이다. 천국은 사탄이 들어올 수 있는 곳이 아니기 때문에 죄도 없고 거짓도 없이, 진리만이 살아 진리와 함께 기뻐하는 곳이다. 그러므로 "사랑의 나라"를 소망해야 한다. 이 땅에서도 예수 안에 사랑의 나라를 이루어가야 한다.

하나님의 일은 예수 그리스도를 아는 것이다(요 6:29). 예수그리스도를 안다는 것은 예수를 믿고 따른다는 것이다. 이 땅에서야 하나님을 알기 위해 힘써야 하지만 천국에 이르면 모든 것을 밝히 알게 된다.

"우리가 지금은 거울로 보는 것 같이 희미하나 그 때에는 얼굴과 얼굴을 대하여 볼 것이요 지금은 내가 부분적으로 아나 그 때에는 주께서

나를 아신 것 같이 내가 온전히 알리라"(고전 13:12)

위의 말씀에서와 같이 지금은 주님을 부분적으로 희미하게 아나, 천국에서는 서로 얼굴을 맞대고 볼 수 있으며, 주님이 나를 아신 것처럼 우리도 주님을 자연스레 온전히 알게 될 것이다. 그 때가 되면 얼마나 좋으랴? 주님도 그때를 기다리시고 계신다. 이 땅에서 우리의 사명을 다 마치고, 아름다운 주님의 신부로 준비되어 그곳에 들어갈 것이다. 우리는 그때를 사모하며 마음의 천국을 이루어야 한다.

18. 기도의 일꾼들

"그러므로 내가 너희에게 말하노니 무엇이든지 기도하고 구하는 것
은 받은 줄로 믿으라 그리하면 너희에게 그대로 되리라"(막 11:24)

성경에는 기도의 일꾼들이 많다. 사무엘은 백성들을 위해 기도하기
를 쉬는 죄를 범치 않겠다고 선언했다(삼상 12:23). 사무엘이 있으므
로 이스라엘 백성들이 살았던 것이다.

한나는 기도하여 사무엘을 하나님께 얻었다. 아들을 주시면 하나님
께 바치겠다고 서원하여 사무엘을 낳은 것이다. 한나의 서원대로 사무
엘은 하나님께 바쳐진 나실인이었다(삼상 1장).

모세는 아말렉과의 싸움에서 산꼭대기에 올라가 두 손을 들고 기도
했다. 전장에는 여호수아가 군대를 이끌고 나갔었다. 그런데 모세가 손
을 높이 들고 기도하면 이스라엘이 이기고, 모세의 팔이 피곤하여 내려
오면 아말렉이 이겼다. 이에 아론과 훌이 모세의 팔이 내려오지 않도록
각각 한 팔씩 붙들었다. 그러함으로 기도의 능력으로 아말렉과의 싸움
은 대승을 거두었다. 승리를 거둔 후 모세는 제단을 쌓고 그 제단을 "
여호와 닛시"라고 불렀다. "여호와 닛시"란 "여호와는 나의 깃발"이란

뜻이다(출 17:8-16).

기도는 혼자서 하는 것도 중요하지만, 이처럼 큰일을 할 때는 모세, 아론, 훌이 힘을 합한 것처럼, 합심해서 기도하는 것은 큰 승리를 가져다준다.

엘리야는 갈멜산에서 바알 선지자 450명과 아세라 선지자 400명을 상대로 영적 전투를 벌였다. 제단을 쌓고 그 제단에 불이 임하면 참 하나님으로 알기로 했다. 결국 엘리야가 쌓은 제단에 불이 임했다(왕상 18장). 엘리야는 불로 응답받은 선지자 중에 선지자이다. 또한 엘리야는 이스라엘에 3년 6개월 동안 비오지 않기를 간절히 기도하여 응답받았고, 다시 비오기를 간절히 일곱 번까지 기도하여 비가 오는 응답을 받았다. 엘리야는 땅에 꿇어 엎드려 그의 얼굴을 무릎 사이에 넣고 간절히 기도 했던 것이다(왕상 18:42).

"엘리야는 우리와 성정이 같은 사람이로되 그가 비가 오지 않기를 간절히 기도한즉 삼 년 육 개월 동안 땅에 비가 오지 아니하고
다시 기도하니 하늘이 비를 주고 땅이 열매를 맺었느니라"(약 5:17-18)

히스기야는 병들어 살지 못한다는 하나님의 선지자 이사야의 말을 듣고 낯을 벽으로 향하고 심히 통곡하여 기도했다. 낯을 벽으로 향한다는 것은 세상을 등지고 하나님께만 정신을 집중하여 기도한다는 뜻이다. 그 결과 히스기야는 하나님으로부터 15년의 생명을 연장 받았

다. 생명 연장의 증표로 해시계의 해 그림자가 십도 뒤로 물러났다. 이는 시간이 과거로 물러났다는 뜻이다. 시간이 거꾸로 40분을 물러난 셈이다(왕하 20장).

기도는 간절히 해야 한다. 기도는 정신을 집중해서 간절히 해야 한다. 기도하지 않아도 필요한 것을 채우실 때도 있다. 그러나 기도하므로 확실히 응답을 받고 하나님의 일하심을 알게 된다. 또한 기도는 반드시 응답되는 것은 아니다. 응답받을 때가 아니거나, 하나님의 뜻이 아니거나, 인간의 욕심으로 구한 기도는 응답받지 못한다.

"구하여도 받지 못함은 정욕으로 쓰려고 잘못 구하기 때문이라"(약 4:3)
"오직 믿음으로 구하고 조금도 의심하지 말라 의심하는 자는 마치 바람에 밀려 요동하는 바다 물결 같으니 이런 사람은 무엇이든지 주께 얻기를 생각하지 말라"(약 1:6-7)

이와 같이 기도는 정욕으로 쓰려고 잘못 구해서는 아니 된다. 또한 의심 없이 구하라고 말씀 하신다. 하나님을 의심하는 자는 하나님을 믿지 못하는 자다. 하나님을 믿지 못하는 자에게 기도 응답이 될 수 있겠는가? 구하는 것을 받은 줄로 믿고 의심 없이 기도해야 한다.

"그러므로 내가 너희에게 말하노니 무엇이든지 기도하고 구하는 것

은 받은 줄로 믿으라 그리하면 너희에게 그대로 되리라"(막 11:24)

"내 이름으로 무엇이든지 내게 구하면 내가 행하리라"(요 14:14)

겨자씨 한 알만한 믿음이 있다면, 산을 명하여 옮겨지라 하면 그대로 되리라는 말씀을 기억하며, 기도도 믿음으로 해야 함을 깨닫게 된다(마 17:20).

제3장

내 마음의 Star (스타)

스타는 뛰어나다!
뛰어난 자 누구뇨?
그 이름 예수 그리스도!
네 마음에 모셔 들여
영생의 꽃을 피우라!

1. 피는 생명

"육체의 생명은 피에 있음이라 내가 이 피를 너희에게 주어 제단에
뿌려 너희의 생명을 위하여 속죄하게 하였나니 생명이 피에 있으므로
피가 죄를 속하느니라"(레 17:11)

많은 사람들아!

나는 만군의 여호와라. 이 땅에 예수를 보내어 십자가에 몸 찢고 피
흘려 죽게하여 온 인류의 죄를 용서한 하나님이라.

생명은 피에 있느니라(레 17:11).

나는 예수 피로 인하여 생명을 살리는 여호와 하나님이라. 예수를 믿
으면 죄 용서함을 받고 천국에 들어가느니라. 인류는 죄로 물들었는데
예수가 와서 그 죗값을 다 지불했노라. 예수는 십자가에서 피 흘림으로
인류의 죄를 대속했노라.

사람에게는 영혼이 있으니, 육신의 장막을 벗으면 그 영혼은 천국과
지옥 두 갈래 길로 나누어 가느니라. 지옥은 불 못으로, 구더기도 죽지
아니한 곳이며, 반면 천국은 아픔과 슬픔과 어둠과 저주가 없는 영광
스러운 나라니라.

예수가 이 땅에 다시 오면(재림) 현 세계는 사라지고 새나라, 새로운 왕국이 이루어지느니라. 예수를 믿고 살다가 죽은 사람은 예수가 재림하면 시공간을 초월하는 썩지 아니할 신령한 육신을 입게 되느니라. 신령한 몸으로 영원히 영광스럽게 사는 곳이 천국이니라.

이 땅의 인생은 속히 지나는데, 영원한 나라에 들어가 살자가 누구냐? 그는 예수 안에 거하는 자요, 예수 피를 믿고 생명을 얻은 자니라. 인류의 시조인 아담으로 인해 죄가 들어와 죄를 가진 인생은 천국인생에 들어오지 못하나니, 예수 피 공로로 죄 사함 받기를 원하노라.

"선악을 알게 하는 나무의 열매는 먹지 말라 네가 먹는 날에는 반드시 죽으리라 하시니라"(창 2:17)

아담이 선악과를 따먹음으로, 즉 하나님의 말씀에 불순종함으로 죄가 들어와 사망을 낳았느니라. "반드시 죽으리라"는 하나님의 말씀 따라 죽게 된 인류는 예수를 통하여 다시 새사람으로 살림을 받게 되느니라.

그러므로 대한민국 사람들아!

예수를 믿자! 예수의 보혈을 의지하자! 예수가 십자가에서 흘린 피는 생명을 살리는 피요, 영생하는 피니라. 사람의 피는 생명(영혼)을 살릴 수 있는 피가 아니요, 오직 예수 십자가 피만이 생명을 살리느니라. 예수는 동정녀 마리아를 통해 태어난 하나님의 아들이요 사람의 씨로 태어난 것이 아니니라. 그러므로 예수의 피는 죄가 없는 거룩한 피요, 살리는 생명의 피라. 누구든 예수 앞에 나와 죄를 고백하고 예수를 영접하면 예수와 함께 하나님의 자녀가 되는 권세를 받느니라(요 1:12). 하나님의 자녀는 천국의 상속자요, 영생하는 자라.

사람들아!

예수와 함께 하늘 상속자가 되어 영생복락을 누리어라. 예수이름 앞에 나오는 자는 죄 사함을 받으리라. 성령을 선물로 받으리라. 성령은 그리스도의 영으로 진리의 영이니라(요 14:17). 예수를 믿고 예수를 구주로 모시면 내안에 성령이 내주하여 영원토록 함께 하느니라. 성령이 진리 안에서 깨닫게 하고, 생각나게 하고, 가르치고, 인도하느니라. 성부와 성자(예수)와 성령은 한분 하나님으로 위는 각각 달라 삼위일체의 하나님이니라.

사람들아!

예수 앞에 나와 새사람을 입고 영생을 얻으라. 예수 이름 외에 구원을 얻을만한 다른 이름은 천하에 없느니라(행 4:12).

가난한 자도 오라, 부요한 자도 오라, 병든 자도 오라, 슬픈 자도 오라. 모두 다 예수 앞에 오라. 사람이 제아무리 선하게 산들 인간은 모두가 죄인인걸, 아담의 죄가 온 인류에게 전가되어 죄의 본성을 가진 인간은 모두가 죄인임을 깨닫고, 예수 앞에 속히 나오라. 나오는 자는 의롭다 칭함을 받으리라.

"또 미리 정하신 그들을 또한 부르시고 부르신 그들을 또한 의롭다 하시고 의롭다 하신 그들을 또한 영화롭게 하셨느니라"(롬 8:30)

2. 하나 되라

"마음을 같이하여 같은 사랑을 가지고 뜻을 합하며 한마음을 품어
아무 일에든지 다툼이나 허영으로 하지 말고 오직 겸손한 마음으로
각각 자기보다 남을 낫게 여기고"(빌 2:2-3)

대한민국 사람들아!

나 여호와는 말하노라.

대한민국은 이스라엘과 같이 내 종 이승만을 통해 언약한 내 나라라.

그러므로 나는 대한민국 백성 또한 내 백성 삼았느니라.

나와 언약한 대한민국은 수십 년간 내가 지켜 왔느니라.

6.25때도 미군을 보내 자유대한을 지켰으며, 많은 세월을 통해 경제
발전을 이루게 하였느니라. 세계 정상에 설만큼 자랑스러운 국가로 세
웠느니라. 사람의 힘으로 발전해온 것 같지만 그 배후에는 나 여호와
가 함께 했노라.

골목골목마다 십자가가 들어섰고 교회를 통해, 또 내가 세운 종들을
통해 많은 일들을 이루었느니라. 그러나 반면, 잘사는 만큼 정신은 해
이해졌고 죄악은 성행해졌느니라. 배부르고 등 따시면 일어나는 현상

이니라.

그러면 이제는 어찌하면 좋으랴?

남북한은 분단 된지 오래고, 합하자니 자유대한이 우는구나.

한번 언약한 내 나라를 내 자존심을 걸고 살려야 하는데 어찌하면 좋으랴?

세계가 악의 세력 앞에 굴복하는데 대한민국도 따라 가려느냐? 그럴 수 없느니라.

나는 의의 하나님, 죄가 없고 거짓이 없는 거룩한 하나님, 내 나라만큼은 거룩한 나라로 기필코 만들어 내리라. 공산당을 몰아내고 자유대한으로 통일되어 미국과 같이 힘 있는 나라 만들어 내리라.

미국도 내 나라다. 대한민국도 내 나라다.

미국을 세계 정상에 올렸듯이 대한민국도 세계 정상에 올려놓으리라.

그런데 내 나라의 국회를 보고 있는 나는 참담하구나!!

나 여호와는 내 종을 세워 차츰차츰 깨끗한 나라, 의의 나라 만들어 가리라.

사람들아!

악을 버리고 선에 속하라. 거짓을 버리고 진리에 속하라.

이 땅에서 악하게 산 사람은 악의 대가를 반드시 치르리라. 반면 선하게 산 사람은 내가 선으로 갚으리라.

대한민국 사람들아!

내게 속하여 의의 나라, 다시 잘 사는 나라를 이루어 가자구나!

코로나 19로 힘든 위기를 극복해 나가는 아름다운 사람들아!

힘을 내라! 힘을 합해라! 서로서로 도와주며 서로서로 사랑하며 이겨내자.

있는 사람들은 없는 사람에게 베풀면 내 저 세상에서 큰 상급으로 갚아 주리라.

내 나라 내 백성이면 모두가 내게는 한 가족이라.

주안에서 주의 뜻을 이루는 자는 형제요 자매니라.

백성들아!

왕은 그 나라의 어버이요 머리니라.

백성들은 왕을 존대하고 왕은 백성들을 사랑하여야 정상적인 나라니라.

그런데 만약 왕을 왕으로 여기지 못하고 백성들 또한 왕의 사랑을 입지 못한다면 그 나라는 어디로 가겠느냐?

나 여호와는 말하노라. 내 종을 통해 말하노라.

어서어서 온 국민이 하나 되어 보기도 좋고 살기도 좋은 아름다운 나라 만들어 가자구나.

니편 내편이 없는 오직 대한민국편만 있는 하나 된 국가!

하나로 뭉쳤을 때 나 여호와는 세계 정상국가로 반드시 세워 주리라.

대통령에게도 지혜를 줄 것이며, 잘 살아보려는 국민들에게도 지혜와 힘을 실어줄 것이니라. 지금까지 막아준 외세침입도 끝까지 막아줄 것이며, 다시는 6.25와 같은 전쟁도 당하지 않게 도우리라.

사람들아!

북한은 자유주의를 수락하지 않을 것이 자명 하니라.

그러므로 남북한이 통일된다는 것은, 저 북한이 힘을 잃고 자유주의 대한민국이 흡수할 수 있을 때에야 가능한 일음을 알아야 할 것이라.

나 여호와는 자유 통일을 이루어 줄 것을 이 글을 통해 약속하노라.

힘을 내라 대한민국!

3. 영생과 영벌

"하나님이 세상을 이처럼 사랑하사 독생자를 주셨으니 이는 그를 믿는 자마다 멸망하지 않고 영생을 얻게 하려 하심이라"(요 3:16)

열방의 사람들아!

나 여호와는 말하노라

살리기도 하고, 죽이기도 하고, 높이기도 하고, 낮추기도 하는 기독교의 하나님, 여호와가 말하노라.

예수는 나와 같은 하나님이요, 신이라.

하나님이 이 땅에 성육신하여 인류구원을 위해 십자가에서 피 흘려 죽으시고 사흘 만에 부활하셨느니라. 예수가 무엇이 부족하여 스스로 십자가에 몸을 내주었겠느냐? 그것은 오직 사람들을 사랑하사 죄로 죽은 영혼의 생명을 살리기 위해서니라.

"하나님이 세상을 이처럼 사랑하사 독생자를 주셨으니 이는 그를 믿는 자마다 멸망하지 않고 영생을 얻게 하려 하심이라"(요 3:16)

열방의 사람들아!

이 세상의 삶이 전부가 아니니라.

이 세상은 잠시잠깐 지나는 나그네 길이니라.

이슬과 같은 인생, 풀과 같이 금방 시들어가는 인생이니라.

영원히 살 것처럼 안주해서는 아니 되는 인생이니라.

땡감도 떨어지고 풋사과도 떨어지듯, 인생의 종말은 오는 순서 없이 가는 시대를 맞이하였느니라.

질병으로 가고, 사고로 가고, 전쟁으로 가고, 전염병으로 가고 등등 여기에 순서가 있느냐?

목숨이 끊어지면 어디로 가느냐?

천국과 지옥으로 가느니라.

나는 천국과 지옥을 수없이 말하고 또 말하고 또 말하여도 다함이 없 구나.

이는 그만큼 중요하기 때문이라. 그 무엇보다도 중요하니라.

잘 살아봐야 얼마나 잘 살겠느냐?

잘 먹어봐야 얼마나 잘 먹겠느냐?

이 땅에서 제아무리 잘 살고 잘 먹어도 천국 삶과는 비교도 아니 되 느니라.

사람들아 열방의 사람들아!

예수를 믿고 천국으로 들어오라.

천국은 이 땅보다 수억 배 살기 좋고 아름다운 곳이라.

만약 천국이 없다면 지나는 이 세상 유능한 사람들이 왜 예수를 믿었겠느냐?

그 믿는 자들은 모두 천국에 들어와 쉼을 얻고 있느니라.

죄로 인해 수고로움도 들어왔으므로 죄 문제가 해결되면 수고로움과 노동도 사라지고 쉼을 얻는 것이라.

이 땅에서는 아직 죄가 완전히 척결되지 못해 땀 흘려 일하는 수고가 있지만, 천국에서는 영원토록 예수와 함께 왕 노릇하며 안식(쉼)을 얻으리라.

반면 예수를 믿지 않으면 영벌에 처해져 활활 타오르는 지옥 불에서 영원히 몸부림치며 살 것이라.

불이 무서운 줄 알거든 예수를 믿고 따르라.

나는 모든 사람이 예수를 믿고 천국에 이르기를 원하노라.

사랑하는 열방의 사람들아!

어서 속히 삶을 돌이켜 예수가족 될지어다.

믿는 자는 그대로 잘 믿고, 믿지 않는 자는 속히 가던 길을 돌이키라.

천국을 향해 가는 나그네로 살아가야 할지라.

예수 안에 들어오면 이 땅의 삶도 내 뜻에 맞으면 풍성히 채우리라.

나는 선한목자라. 양을 위하여 생명을 바쳤느니라.

양들에게 풍성한 꼴을 먹이고, 병든 양은 치료하고, 내 이름을 위하여 의의 길로 인도하느니라.

"여호와는 나의 목자시니 내게 부족함이 없으리로다

그가 나를 푸른 풀밭에 누이시며 쉴 만한 물 가로 인도하시는도다

내 영혼을 소생시키시고 자기 이름을 위하여 의의 길로 인도하시는

도다"(시 23:1-3)

많은 사람들아!

사탄은 죽이고 멸망시키나, 나 여호와는 살리고, 마침내는 저 천국에

이르도록 지키어 인도하느니라.

그러므로 사람들아! 교회에 나와 하나님을 알고 하나님을 섬겨 예배

하라.

마음에 평안을 주고 성령으로 인하여 기쁨을 얻게 하리라.

4. 제일 좋은 선물

"너희는 그 은혜에 의하여 믿음으로 말미암아 구원을 받았으니 이것은 너희에게서 난 것이 아니요 하나님의 선물이라"(엡 2:8)

삶이란 무엇이냐? 삶은 분명한 목표가 있는 것이니라.

그 목표는 천국이라. 그런데 천국이 아닌 다른 것을 위해 사는 자는 어찌할꼬?

사람들아!

삶에 대해 신중 하라. 그저 그냥 하루하루 먹고 살기 위해 사는 삶이 전부가 아니라. 삶이 힘들어도 천국을 향한 삶은 가치가 있느니라. 힘든 삶이 지나면 평화로운 안식이 있기 때문이라. 많은 선진들이 천국에서 애타게 기다리고 있노라. 앞서간 부모 형제가 기다리고 있고, 앞서간 아는 지인들이 천국에서 기다리고 있노라. 나 또한 모든 사람이 천국으로 들어오길 애타게 기다리고 있노라. 애타게 기다린 만큼 천국에 오는 수가 적구나.

안타깝다! 안타깝다! 수많은 내 종을 통해 복음을 전하고 예수를 믿으라고 전하건만 듣지 않음이 안타깝다. 천국은 길도 황금 길이요(계 21:18), 모두가 아름다운 보석으로 둘러싸인 곳이라(계 21장). 반면 지옥은 불과 유황으로 타는 못이니라(계21:8). 삶의 목표가 없는 자는 곧 삶의 목표가 천국이 아닌 자는 이곳에 들어가 영벌에 처하게 되느니라. 천국을 바라보고 살 것인가? 아니면 이 땅의 썩어질 영광만을 바라볼 것인가? 이는 개인의 몫이라. 사람에게 자유의지가 있으니 잘 분별하여 선택할 것이라. 단 한 가지 명심할 것은 하나님의 말씀에 불순종하면 둘째사망(지옥)에 이르느니라(계 21:8).

사람들아!

과거에는 어찌 살았든 지금부터라도 예수를 믿으라. 십자가상의 한 강도는 그때 예수를 영접하여 낙원(천국)에 들어갔느니라(눅 23:40-43). 이와 같이 죽음의 문턱에 이르러서도 예수를 영접하면 천국에 가느니라. 그러나 상급을 쌓지 않으면 받을 상급이 없느니라. 사람들아! 기왕이면 상급을 많이 쌓는 구원을 받으라. 그러므로 하나님의 나라를 위하여 일하고, 네 보물을 하늘 창고에 쌓아 올리라. 천국에 이르러 내 것으로 모두 찾게 될 것이라. 구원은 하나님의 선물이라.

"너희는 그 은혜에 의하여 믿음으로 말미암아 구원을 받았으니 이것은 너희에게서 난 것이 아니요 하나님의 선물이라"(엡 2:8)

세상에 제일 좋은 선물은 구원이니라. 믿는 자들에게 성령을 주시어 구원 받을 수 있도록 끝까지 인도하느니라. 그러므로 믿음의 방패를 가지고 구원의 소망의 투구를 쓰라. 하나님을 의심 없이 믿고 따르라. 성경을 통해 하나님을 아는 일에 힘쓰라. 성령께서도 너희를 도우리라. 기도하고 하나님을 찬양하라. 은혜를 갈망하라. 구하는 자에게 주시리라. 은혜는 참 좋은 것으로 위로부터 내려오느니라.

"우리가 다 그의 충만한 데서 받으니 은혜 위에 은혜러라"(요 1:16)
"은혜와 진리는 예수 그리스도로 말미암아 온 것이라"(요 1:17)

"온갖 좋은 은사와 온전한 선물이 다 위로부터 빛들의 아버지께로부터 내려오나니 그는 변함도 없으시고 회전하는 그림자도 없으시니라"(약 1:17)

사람들아! 모든 좋은 것들이 예수께로부터 오느니라. 이 좋은 것들을 알지 못한 사람들은 어찌하면 좋으랴? 사람들아! 전하고 또 전하고, 받고 받으라. 반드시 예수와 함께 빛 된 영광을 보리라.

5. 천국 백성

"만물이 그로 말미암아 지은 바 되었으니 지은 것이 하나도 그가 없이는 된 것이 없느니라"(요 1:3)

세상 사람들아 들으라!

무거운 짐 벗으라 하건만 벗지 못하는구나. 노동의 짐, 질병의 짐, 가족의 짐, 학업의 짐 등 끙끙대며 벗을 줄 모르는구나. 내게 나와 내 앞에 내려놓으면 내가 맡아줄 텐데 그저 그냥 무거운 짐을 진채 괴롭게 사는구나. 쾌락을 좇아보면 좀 더 나을까 애쓰는 모습도 안타깝구나. 힘이 들면 내게로 오라. 내짐은 가벼움이라.

예수는 떡 다섯 개와 물고기 두 마리로 여자와 어린이 외에 오천 명을 먹이고 열두 광주리를 남겼느니라(마 14:13-21). 물 위를 걸으신 예수는 풍랑도 꾸짖어 잔잔케 하느니라(마 14:22-33; 요 6:16-21). 예수는 가나 혼인잔치 집에 포도주가 떨어지자 물로 포도주를 만들어 내었느니라(요 2:1-11). 예수는 죽은 지 나흘이 되어 무덤에 있는 나사로를 살리고 많은 병자들을 치료하였느니라(요 11:17-44 등).

사람들아! 이런 능력의 예수를 믿는다면 나도 예수처럼 능력의 사람이 될 수 있느니라.

"내가 진실로 진실로 너희에게 이르노니 나를 믿는 자는 내가 하는 일을 그도 할 것이요 또한 그보다 큰 일도 하리니 이는 내가 아버지께 로 감이라"(요 14:12)

예수는 십자가에 죽으신지 사흘 만에 부활하시고, 부활하신지 40일 후 승천하셨다. 승천하신지 10일, 마가다락방에 모여 기도한 120명의 제자들에게 성령을 보내주셨다. 그 후 계속 지금도 믿는 자들에게 성령을 주신다. 믿는 자들은 성령을 통하여 예수님이 하시던 능력을 나타내고, 위의 말씀에서와 같이 예수님이 하셨던 일, 그보다 큰일도 할 수 있을 것이다. 사실 베드로는 성령을 받은 후 한꺼번에 3천명, 5천명도 회개시키는 역사를 일으켰다.

세상 사람들아!

이런 좋은 능력이 있는데 왜 받지 않으려 하느냐? 왜 관심이 없느냐? 예수는 모든 만물의 창조자니라(요 1:3). 예수가 이 땅에 천한 나사렛에 살았다고 무시하면 큰 오산이니라. 예수는 능력이 많은 하나님이시나 하나님으로서는 사람에게 보일 수 없기에 인간의 육신을 입고 이 땅에 오셨느니라. 이 땅에 오신 이유는 십자가에서 피 흘려 인류의 죄를 대속하고 인류를 구원하기 위해서라.

마지막에는 예수에 의해 사탄, 마귀도 멸함 될 것이니라. 사탄, 마귀가 결박되면 죄는 사라지고 하나님의 의만 있게 되느니라. 지금은 사탄, 마귀들이 자기 때가 얼마 남지 않음을 알고 활개를 치나 끝내는 예수에 의해 결박되어 무저갱에 갇혔다가 천년 후 잠깐 놓여 다시 또 유황불 못에 들어갈 것이라(계 20장).

사람들아 이런 사실을 알아야 예수를 믿을 것이 아니냐? 예수는 왕중의 왕, 만왕의 왕이요, 만주의 주라(계 19:16). 세상나라의 왕은 모두 사라지고 오직 예수만이 다스리는 나라가 올 것이니라. 세상나라는 사라지고 오직 하나님의 나라만이 설 때가 올 것이니라. 그때는 악의 세력도 사라지고 사랑과 의만이 있을 것이라. 결국 세상과 인류의 주관자는 하나님이심을 성경을 통해 모두 기록하고 있느니라.

세상 사람들아!

무거운 죄 짐을 벗고 천국 백성 되어 천국의 시민권자로 살라. 천국을 소망하며 그곳에 이르도록 힘쓰라. 부활의 첫 열매되신 예수를 따라 너희들도 부활하리라. 부활체는 시공간을 초월하고, 다시는 썩지 아니할 신령한 몸이니라. 예수는 부활 후 부활체로 제자들에게 여러 번 나타내 보이셨느니라. 성경을 통해서 부활하신 예수를 알 수 있느니라. 성경은 하나님의 말씀으로 예수에 대해 기록한 책이라. 사람들아 성경을 읽고 구원 받기를 힘쓰라.

6. 가인과 아벨

"믿음으로 아벨은 가인보다 더 나은 제사를 하나님께 드림으로 의로
운 자라 하시는 증거를 얻었으니 하나님이 그 예물에 대하여 증언하심
이라 그가 죽었으나 그 믿음으로써 지금도 말하느니라"(히 11:4)

가인은 아담과 하와의 첫 아들이다. 가인은 악에 속한자요(요일
3:12), 화를 부른 자이다. "화 있을진저 이 사람들이여, 가인의 길에 행
하였으며"(유 1:11)

가인은 발람, 고라와 같이 화를 부른 자이다. 그 이유는?

첫째, 잘못된 제사에 있다.

모든 제사는 피를 동반하나(레 17:11), 가인은 피 없는 제사를 드렸
다.

"아벨은 양치는 자였고 가인은 농사하는 자였더라 세월이 지난 후에
가인은 땅의 소산으로 제물을 삼아 여호와께 드렸고"(창 4:2-3)

제사는 오늘날 예배이다. 예배는 거룩하신 하나님께 드리는 것이다.

그러므로 성도는 예수의 피를 의지해서 깨끗함을 입고 하나님 앞에 나와야 한다. 예수의 피가 없이 드리는 예배는 하나님께서 열납하지 않으신다.

주일날 예배를 잘 드리려면 전날에 잘 준비해야 한다. 한주간의 삶을 돌아보고 죄가 있으면 회개하고 깨끗한 마음으로 하나님께 나와야 한다. 예배를 잘 드리려면 마음 또한 하나님을 향해 있도록 잘 준비해야 한다. 그런 자에게 하나님은 예배를 통해 은혜를 부어 주신다.

둘째, 가인은 그 마음이 악했다(요일 3:12).

"가인 같이 하지 말라 그는 악한 자에게 속하여 그 아우를 죽였으니 어떤 이유로 죽였느냐 자기의 행위는 악하고 아우의 행위는 의로움이라"(요일 3:12)

앞에서도 말했지만 제사를 지낼 때는 마음이 깨끗해야 한다. 모든 죄를 회개하고 하나님께 나아가야 한다. 형제와 다툼이 있다면 화해하고 예배에 나가야 한다. 그러므로 예배 전 마음의 준비는 아주 중요하다. 성도는 내가 드린 예배가 가인의 제사같이 열납 되지 않을 수도 있음을 염두하고, 하나님께 열납 되는 예배가 될 수 있도록 노력해야 한다.

가인은 예배를 잘못 드림으로 인해 아우 아벨을 쳐 죽이는 최초의 살인자가 되고 말았다.

"네가 선을 행하면 어찌 낯을 들지 못하겠느냐 선을 행하지 아니하면 죄가 문에 엎드려 있느니라 죄가 너를 원하나 너는 죄를 다스릴지니라"(창 4:7)

반면 아벨은 의로운 제사자다. 아벨은 '공허하다', '헛되다'라는 이름 뜻과 다르게 의롭게 살았다. 아벨의 제사는 피의 제사로 하나님께서 열납 하셨다. 또한 아벨의 제사는 양의 첫 새끼로 기름을 태워 정성스럽게 드린 제사이다. 피 흘림의 제사요, 희생의 제사이다. 예수님도 십자가에서 죽으심으로 온 몸을 제단에 바치는 피 흘림의 희생의 제사를 드렸다.

또한 아벨은 믿음의 제사를 드렸다.

"믿음으로 아벨은 가인보다 더 나은 제사를 하나님께 드림으로 의로운 자라 하시는 증거를 얻었으니 하나님이 그 예물에 대하여 증언하심이라 그가 죽었으나 그 믿음으로써 지금도 말하느니라"(히 11:4)

믿음의 제사를 드렸다는 것은, 하나님이 살아계심을 믿고 의식하며 정성스레 제사를 드렸다는 것이다. 사람에게 보이기 위한 제사가 아니요, 형식적인 제사가 아니요, 오직 하나님을 향해 간절히 드리는 제사였다는 것이다.

하나님은 다 아신다. 예배자의 마음이 어떤 마음인지를..., 그러므로 마음은 매우 중요하다. 마음에서 생명의 근원이 난다(잠 4:23).

결론적으로 예배 자는 예수님의 보혈을 의지해 하나님 앞에 나가야 한다. 또한 예수 그리스도를 믿음으로 하나님 앞에 나가야 한다. 내 의가 아닌 그리스도의 의를 의지해 나가야 한다. 하나님께 나아가는 길은 오직, 우리 죄를 위해 십자가에서 피 흘리신 예수 그리스도 뿐이다.

"아벨은 자기도 양의 첫 새끼와 그 기름으로 드렸더니 여호와께서 아벨과 그의 제물을 받으셨으나 가인과 그의 제물은 받지 아니하신지라"(창 4:4-5)

"하나님은 영이시니 예배하는 자가 영과 진리로 예배할지니라"(요 4:24)

7. 아브라함

"내가 너로 큰 민족을 이루고 네게 복을 주어 네 이름을 창대하게 하리니 너는 복이 될지라"(창 12:2)

아브라함은 열국의 아비, 믿음의 조상이다. 그의 아내는 사라로 열국의 어미이다. 아브라함은 갈대아 우르에서 하란으로 나와 하란에서 75세에 부르심을 받았다.

"여호와께서 아브람에게 이르시되 너는 너의 고향과 친척과 아버지의 집을 떠나 내가 네게 보여 줄 땅으로 가라 / 내가 너로 큰 민족을 이루고 네게 복을 주어 네 이름을 창대하게 하리니 너는 복이 될지라 / 너를 축복하는 자에게는 내가 복을 내리고 너를 저주하는 자에게는 내가 저주하리니 땅의 모든 족속이 너로 말미암아 복을 얻을 것이라 하신지라"(창 12:1-3)

아브라함은 오직 믿음으로, 하나님이 지시할 땅으로 갈 바를 알지 못하고 나아갔다(히 11:8). 또한 아브라함은 오래 참아 복을 받았다(

히 6:13-15).

"이르시되 내가 반드시 너에게 복 주고 복 주며 너를 번성하게 하고 번성하게 하리라 하셨더니 / 그가 이같이 오래 참아 약속을 받았느니라"(히 6:14-15)

아브라함은 최초로 십일조를 드린 자이다.

"너희 대적을 네 손에 붙이신 지극히 높으신 하나님을 찬송할지로다 하매 아브람이 그 얻은 것에서 십분의 일을 멜기세덱에게 주었더라"(창 14:20)

멜기세덱은 하나님의 제사장이었다. 그러므로 아브라함이 드린 십일조는 하나님께 드린 것이다. 십일조는 드린 만큼 복을 받는 것이 사실이다. 무엇이든 하나님께 정성으로 드린 것은 하나님께서 받으시고 복을 부어 주신다.

아브라함은 횃불 언약을 받았다(창 15장).

횃불 언약은 쪼갠 고기 사이로 횃불이 지나간 것이다. 가나안 땅을 약속의 땅으로 주시고, 자손이 하늘의 별과 같이 많을 것을 하나님이 횃불로 증표 해 주신 것이다. 자손이 이방의 객이 되어 그들을 섬기겠고 사백년 곧 사대 만에 돌아올 것을 예언해 주셨다(창 15:13 이하). 이 예언은 야곱의 가족 70명이 애굽으로 내려가 그 땅에 객이 되었고, 모세를 통해 객이 된지 430년 만에 출애굽 시키므로 성취 되었다.

아브라함은 100세, 사라는 90세에 약속의 자녀를 받았다. 75세에 하란에서 부름 받아 100세가 되어 아들 이삭을 얻었으니 25년을 참아 약속의 자녀를 얻은 것이다. 또한 가나안 땅에 들어 온지 11년, 86세에 사라의 여종 하갈을 통해 이스마엘을 얻었으나 이스마엘은 약속의 자녀가 아니므로 이삭이 태어난 후 하나님의 뜻을 따라 내침을 당했다. 이와 같이 하나님의 유업을 받을 자는 하나님의 약속을 따른 하나님의 주권에 달려있다.

100세에 얻은 이삭이 소년이 되었을 때, 하나님께선 아브라함을 시험하셨다. 이삭을 모리아 산에 올라 번제로 바치라는 것이었다. 아브라함은 그 누구와도 의논하지 않고 하나님의 명령에 순종하여 시험을 통과했다. 그 결과 이삭을 죽은 자 가운데서 도로 받고 마침내는 믿음의 큰 복을 받았다.

"사자가 이르시되 그 아이에게 네 손을 대지 말라 그에게 아무 일도 하지 말라 네가 네 아들 네 독자까지도 내게 아끼지 아니하였으니 내가 이제야 네가 하나님을 경외하는 줄을 아노라 / 아브라함이 눈을 들어 살펴본즉 한 숫양이 뒤에 있는데 뿔이 수풀에 걸려 있는지라 아브라함이 가서 그 숫양을 가져다가 아들을 대신하여 번제로 드렸더라 / 아브라함이 그 땅 이름을 여호와 이레라 하였으므로 오늘날까지 사람들이 이르기를 여호와의 산에서 준비되리라 하더라"(창 22:12-14)

아브라함은 100세에 얻은 독자라도 아낌없이 하나님께 드리는 큰 믿음의 소유자였다. 하나님은 아브라함에게 큰 복을 주실 것과 자손의 복을 주실 것을 약속하셨다. 오늘날까지 모든 믿는 자들이 아브라함의 후손이다. 이삭이 모리아 산에서 번제로 드려진 것은 예수님이 십자가에서 제물로 드려질 것을 예표 했다. 아브라함은 믿음으로 이삭을 모리아 산에서 하나님께 바쳤다. 실상은 하나님께서 준비하신 숫양을 대신하여 번제를 드렸지만 아브라함은 이삭을 죽은 자 가운데서 도로 받은 것이다.

"그(아브라함)가 하나님이 능히 이삭을 죽은 자 가운데서 다시 살리실 줄로 생각한지라 비유컨대 그를 죽은 자 가운데서 도로 받은 것이니라"(히 11:19)

마지막으로 아브라함은 사라가 죽자 헤브론에 있는 막벨라 굴을 에브론에게 은 400세겔을 주고 사서 장지로 삼았다. 막벨라 굴에는 아브라함과 이삭과 야곱과 그들의 아내들이 묻히는 장지가 되었다. 사라는 127세에 죽고, 그 후 아브라함은 후처 그두라를 얻어 6명의 아들을 더 낳았다(창 25:1-2). 그 아들들의 이름은 시므란, 욕산, 므단, 미디안, 이스박, 수아이다. 사라가 죽자 늙은 종을 자신의 고향 족속에게 보내어 이삭의 신부 리브가를 데려오게 하였다. 이삭은 리브가와 결혼하여 에서와 야곱을 낳고, 아브라함은 175세에 하나님의 품으로 돌아갔다.

8. 십일조

"각각 그 마음에 정한 대로 할 것이요 인색함으로나 억지로 하지 말지니 하나님은 즐겨 내는 자를 사랑하시느니라"(고후 9:7)

십일조는 모든 것이 주께로 왔음을 고백하는 신앙을 담은 헌금이다. 십일조에 대해 말도 많고 논쟁도 많지만 하는 것이 원칙이다. 십일조 신앙은 복 받을 신앙이다. 십일조를 잘하는 사람은 물질의 복을 받고 상급도 크다.

"만군의 여호와가 이르노라 너희의 온전한 십일조를 창고에 들여 나의 집에 양식이 있게 하고 그것으로 나를 시험하여 내가 하늘 문을 열고 너희에게 복을 쌓을 곳이 없도록 붓지 아니하나 보라"(말 3:10)

하늘에 쌓아둔 보물은 좀이나 동록이 해하지 못하며 도둑이 구멍을 뚫지도 못한다고 하신 말씀에 따르면 십일조는 하는 것이 복이다.

아브라함은 하나님의 제사장인 멜기세덱에게 전리품의 10분의 1을 드렸고(창 14:17-20), 야곱 또한 벧엘에서 하나님께 십일조를 서원했다(창 28:22).

모세의 율법에는 십일조를 바치게 했다. 이스라엘 백성들은 하나님의 일을 하며 따로 기업이 없는 레위인에게 십일조를 주었으며(민 18:21-24), 레위인 또한 그들이 받은 것 중에서 10분의 1을 하나님께 드렸다. 이것을 "십일조의 십일조"라고 했다(민 18:26).

신약시대에 서기관들과 바리새인들은 박하, 회향(운향), 근채와 같은 채소의 십일조까지 드렸지만, 예수님은 그들의 외식을 책망하셨다(마 23:23; 눅 11:42). 이는 채소의 십일조를 드리지 말라는 것이 아니라, 채소의 십일조보다 더 중요한 의와 믿음과 사랑을 버렸기 때문에 책망하신 것이다. 그러므로 십일조도 잘 드리고 율법의 더 중요한 정의와 긍휼과 믿음도 잘 행하라는 메시지이다. 십일조 뿐 아니라 모든 헌금은 감사하는 마음으로 또 자원하는 마음으로 즐거이 드려야 한다.

"각각 그 마음에 정한 대로 할 것이요 인색함으로나 억지로 하지 말지니 하나님은 즐겨 내는 자를 사랑하시느니라"(고후 9:7)

모든 물질은 하나님께로부터 왔으므로 성도는 물질의 청지기임을 잊지 말고, 예배의 요소 중 하나인 헌금의 중요성을 깨달아야 한다.

매 3년마다 드려지는 십일조가 있는데, 이는 레위인과 객과 고아와 과부들을 위한 구제 사업에 쓰였다(신 14:28-29; 26:12-15). 이는 셋째 해 곧 한해의 십일조를 드리는 해이다. "제2의 십일조", "축제의 십일조"라고 할 수 있다.

십일조는 성막에서 봉사하는 레위인들의 생계를 보장해 주기 위해 생겨난 율법이다. 느헤미야 때 백성들이 십일조를 내지 않아 레위인들이 생계를 위해 밭으로 나간 경우가 있었다. 이를 알게 된 느헤미야가 백성들이 십일조를 내게 하여 레위인들을 성전에서만 일할 수 있도록 하나님의 법을 바로 잡았다(느 13:10-13).

오늘날도 마찬가지 하나님의 일꾼들은 생계를 보장 받고, 하나님의 백성들과 하나님의 나라를 위한 일에 전념할 수 있어야 한다. 그러기 위해서는 성도들이 십일조를 해 주는 것이 원칙이라고 할 수 있다.

십일조를 드린 자의 결과는 하나님께 있다. 손으로 하는 모든 일에 복을 주신다고 약속하셨고(신 14:29), 하늘 문을 열고 복을 쌓을 곳이 없도록 붓지 아니하나 시험해보라고 하셨다(말 3:10). 물질의 복을 받고자 하는 자는 십일조를 온전히 잘 하면 될 것이다. 하늘의 상급 또한 클 것이다. 또한 메뚜기(황충) 등을 금하여 풍년을 주시고(말 3:11), 복된 나라가 될 수 있도록 하시겠다고 약속하셨다(말 3:12).

그러므로 십일조는 내야하나 말아야하나 논쟁할 여지가 없는 것이다. 누가 하나님께 드리는 헌금을 막을 소냐? 막는 자들에게는 화있을진저, 나 여호와는 내 곳간에 풍성히 쌓기를 원하노라. 내 곳간에 들어온 십일조와 헌금은 올바르게 쓰여야 할 것이라.

내 백성들이여!

오늘날 교회와 복음 사역을 위해 또한 하나님의 일꾼들의 생계와 가난한자들을 위해 재물을 하늘 창고에 쌓으라!

9. 서원

"네 하나님 여호와께 서원하거든 갚기를 더디하지 말라 네 하나님 여호와께서 반드시 그것을 네게 요구하시리니 더디면 그것이 네게 죄가 될 것이라"(신 23:21)

서원은 잘 하여야 한다. 서원을 잘못하면 아니하는 것만 못하다. 서원은 서원한 대로 잘 지켜야 한다. 지키지 않으면 아니한 것만 못하다.

대표적인 서원은 창세기 28장의 야곱의 서원이다. 야곱은 벧엘에서 3가지 서원을 하였다. 첫째는 평안히 아버지 집으로 돌아오게 하시면 여호와를 "나의 하나님"으로 모실 것과 둘째는 자신이 세운 기둥이 "하나님의 전(교회)"이 될 것과 셋째는 하나님께서 주신 재물의 "십분의 일"을 드릴 것을 서원하였다.

야곱의 서원은 조건이 있는 서원이었으며, 하나님이 기뻐하시는 서원이었다. 야곱은 서원 후 하란 외삼촌 집에서 20년을 일하고 4명의 아내 곧 레아, 라헬, 빌하, 실바를 얻었고 이들에게서 12자녀 곧 르우벤, 시므온, 레위, 유다, 단, 납달리, 갓, 아셀, 잇사갈, 스불론, 요셉, 디나를 얻었으며, 많은 재물 또한 얻어 고향으로 돌아왔다. 후에 라헬에게서 베냐민을 얻었다. 야곱이 제일 사랑했던 라헬은 베냐민을 낳고 죽었다.

야곱은 벧엘에서 3가지를 서원한지 21년 만에 고향으로 돌아와 모든 서원을 갚았다. 하란에서 돌아와 세겜에서 안주하고 싶었으나 딸 디나가 세겜 추장에게 봉변을 당하는 바람에 벧엘로 올라와 서원을 갚았다(창 34장, 35장).

결론적으로 야곱은 이스라엘 12지파를 이루는 복을 받았고, 이스라엘 하나님의 나라를 형성했다. 이와 같이 야곱처럼 서원을 잘 지키면 복이요, 서원하고도 지키지 않으면 오히려 서원을 하지 않는 것만도 못하다.

"네 하나님 여호와께 서원하거든 갚기를 더디하지 말라 네 하나님 여호와께서 반드시 그것을 네게 요구하시리니 더디면 그것이 네게 죄가 될 것이라"(신 23:21)

"여호와여 주의 장막에 머무를 자 누구오며 주의 성산에 사는 자 누구오니이까" "그의 마음에 서원한 것은 해로울지라도 변하지 아니하며"(시 15:1,4)

위의 말씀에서 서원한 것이 있거든 갚기를 더디하지 말라 하신다. 주의 장막에 머무를 자는 서원한 것이 자신에게 해로울지라도 그 마음이 변치 않고 서원을 갚는 자라고 말씀 하신다.

야곱의 서원과 반면 사사 입다의 서원은 하나님이 원치 않는 잘못된 서원이었다. 입다는 암몬과의 전쟁에서 이기게 하시면, 집에서 제일먼저 자신을 맞으러 나온 사람을 제물로 드리겠다는 서원을 하였다. 결국 입다는 자신의 외동딸을 제물로 바치는 큰 아픔을 겪었다. 그러므로 서원은 하나님께 합당한 서원을 해야 한다.

"그가 여호와께 서원하여 이르되 주께서 과연 암몬 자손을 내 손에 넘겨 주시면 / 내가 암몬 자손에게서 평안히 돌아올 때에 누구든지 내 집 문에서 나와서 나를 영접하는 그는 여호와께 돌릴 것이니 내가 그를 번제물로 드리겠나이다 하니라"(삿 11:30-31)

서원은 함부로 해서도 안 되겠지만, 자신의 처지와 능력에 맞게 최선을 다해서 인색함 없이 해야 하며, 하나님의 영광을 위해서 해야 한다. 그러나 사람을 제물로 바치는 것은 이방인들의 잘못된 제사 방법이다. 입다는 하나님과의 서원을 지켰다.

한나는 아들을 주시면 하나님께 드리겠다고 서원했다.

"한나가 마음이 괴로워서 여호와께 기도하고 통곡하며 / 서원하여 이르되 만군의 여호와여 만일 주의 여종의 고통을 돌보시고 나를 기억하사 주의 여종을 잊지 아니하시고 주의 여종에게 아들을 주시면 내가 그의 평생에 그를 여호와께 드리고 삭도를 그의 머리에 대지 아니하겠나

이다"(삼상 1:10-11)

한나의 서원 또한 야곱의 서원처럼 하나님께서 기뻐하시는 서원이었다. 삭도를 머리에 대지 않겠다는 것은 주신 아들을 나실인 삼겠다는 뜻이다(민 6:5). 하나님께서는 한나의 서원 따라 이루셨다. 한나는 사무엘을 낳아 하나님께 바쳤으며 사무엘은 성전에서 자라 이스라엘의 큰 사사이자 선지자로 쓰임 받았다. 사무엘은 이스라엘 백성을 위해 기도하기를 쉬는 죄를 범치 않았으며 백성들을 선하고 의로운 길로 인도했다(삼상 12:23).

한나는 자신이 서원한 것을 잘 지켜 사무엘을 하나님께 드리고도 3남 2녀를 더 얻는 복을 받았다(삼상 2:21).

10. 좁은 문으로 들어가라

"이르되 주 예수를 믿으라 그리하면 너와 네 집이 구원을 받으리라 하고"(행 16:31)

사도 바울은 실라와 함께 빌립보에서 복음을 전하다 감옥에 갇혔다. 감옥에서 밤중에 기도하고 찬양을 했다. 함께 갇힌 죄수들도 이들의 기도와 찬양 소리를 들었다. 그러는 중 기적이 일어났다.

"이에 갑자기 큰 지진이 나서 옥터가 움직이고 문이 곧 다 열리며 모든 사람의 매인 것이 다 벗어진지라"(행 16:26)

기적을 본 간수가 죄수들이 도망가는 줄 알고 자결하려 했다. 죄수들이 도망가면 간수는 살지 못하기 때문이다. 그런데 사도 바울이 "우리가 다 여기 있노라" 하면서 자결을 막았다. 이에 간수는 무서워 떨며 바울과 실라 앞에 엎드려 "어떻게 하면 구원을 받습니까?" 라고 물었다. 바울은 다음과 같이 말했다.

"이르되 주 예수를 믿으라 그리하면 너와 네 집이 구원을 받으리라"(행 16:31)

그러므로 이 날에 간수가 구원을 받고 그의 온 집안이 구원을 받았다. 하나님은 구원의 하나님이시다. 도무지 믿지 않을 것 같은 사람들에게도 이처럼 기적을 일으켜 구원을 받게 하신다. 그러나 이와 같이 모두가 기적을 보고 믿는 것은 아니다.

"하나님의 지혜에 있어서는 이 세상이 자기 지혜로 하나님을 알지 못하므로 하나님께서 전도의 미련한 것으로 믿는 자들을 구원하시기를 기뻐하셨도다"(고전 1:21)

전도는 사람의 생명을 살리고자 하는 것이다.
전도는 천국가자고 전하는 것이다.
전도는 예수 믿고 구원 받으라고 전하는 것이다.
전도는 교회에 나와 하나님께 예배드리자고 전하는 것이다.
전도는 죄 짐을 벗고 평안을 누리라고 전하는 것이다.
전도는 세상에서 가장 값진 삶으로 살라고 전하는 것이다.
결국 전도는 예수 그리스도 안에 새 생명을 얻게 하는 것이다.

한 사람을 전도하기 위해서는 많은 노력이 필요하다. 나의 시간을 투자하고, 물질을 투자하고, 희생을 투자하기도 한다. 한 사람의 구원을 위해 기도도 해야 한다. 전도에는 실패가 있는 것도 아니다. 그러므로 성도는 아무 조건 없이 전도해야 한다.

"좁은 문으로 들어가라 멸망으로 인도하는 문은 크고 그 길이 넓어 그리로 들어가는 자가 많고 생명으로 인도하는 문은 좁고 길이 협착하여 찾는 자가 적음이라"(마 7:13-14)

좁은 문은 생명의 문이다. 반면 넓은 문은 멸망의 문이다. 그런데 사람들은 넓은 문을 참 좋아한다. 이는 무엇을 뜻하는가? 이는 곧 구원 받는 수가 적다는 뜻이다. 그러므로 구원은 쉽게 이루어진 것도 아니다. 한 영혼이 천국에 들어오기까지는 이 땅에서 천국의 시민권자로 훈련된 자들이다.

성경을 통해 하나님을 아는 것에 훈련이 되고, 하나님을 찬양하는 것에 훈련이 되고, 하나님께 영광을 돌리는 일에 훈련이 되어야 한다. 하나님과 "나"라는 존재가 온전히 연합하여, 내 안에 나는 사라지고 하나님만 드러내는 삶이 되어야 한다. 선악과를 따먹은 내 의지는 사라지고, 하나님의 말씀에 순종하는 삶이 되어야 한다. 내 안에 성령께서 나의 주인이 되어 운행하실 수 있도록 내 삶을 주께 맡기는 삶이 되어야 한다. 그러므로 좁은 문으로 들어가는 자는 적으나, 마침내 영생을 얻고 영화로운 나라에서 길이길이 살 것이다.

"청함을 받은 자는 많되 택함을 입은 자는 적으니라"(마 22:14)

11. 만왕의 왕

"시몬 베드로가 대답하여 이르되 주는 그리스도시요 살아 계신 하나님의 아들이시니이다"(마 16:16)

위의 고백은 빌립보 가이사랴 지방에서 베드로의 고백이다. 당시 많은 사람들이 예수님을 하나님의 아들로 받아들이지 못했다. 예수님을 더러는 세례요한, 더러는 엘리야, 어떤 이는 예레미야나 선지자 중의 하나라고 말했다.

오늘날도 예수가 이스라엘 땅에 태어난 성인 중의 한사람 정도로 아는 자들이 많다. 그러나 예수는 여느 성인들과 달리 사람의 관계에서 태어난 사람이 아니라 성령으로 잉태된 하나님의 본체이시다(빌 2:6).

"그는 근본 하나님의 본체시나 하나님과 동등됨을 취할 것으로 여기지 아니하시고 오히려 자기를 비워 종의 형체를 가지사 사람들과 같이 되셨고"(빌 2:6)

그리스도는 구약의 "메시야"로 이스라엘 백성들이 기다리고 기다리던 구원자였다. 그런데 그토록 기다렸던 메시야가 이 땅에 왔는데도 영접하지 않고 오히려 십자가에 사형을 집행하도록 내줌이 되었다. 이스라엘 종교지도자들에게 예수는 신성모독 자였다. 하나님의 아들을 하나님의 아들로 보지 못하니 그들에게 예수는 신성모독 자 일수밖에 없었다. 예수는 십자가에 사형 당하지 않을 충분한 능력이 있는 분이시다. 그러나 십자가에서 피 흘려 죽어 주심으로 인류의 죗값을 치룰 수 있는 것이다. 12군단의 천군과 천사들을 불러 제압할 수 있었으나 아버지의 뜻을 따라 자신의 생명을 많은 사람의 대속물로 순수히 내어 주셨다.

"인자가 온 것은 섬김을 받으려 함이 아니라 도리어 섬기려 하고 자기 목숨을 많은 사람의 대속물로 주려 함이니라"(막 10:45)

예수님은 하나님의 아들이자 하나님으로서 종의 형체를 지니고 이 땅에 오신 것이다. 그러나 다시 오시는 재림 시는 영광의 심판주로 오신다. 만왕의 왕, 만주의 주로 오신다. 이스라엘 백성들이 위대하게 여기는 세례요한이나 엘리야나 모세보다도 훨씬 뛰어난 전 인류의 주관자인 하나님으로 오신다.

"주께서 호령과 천사장의 소리와 하나님의 나팔 소리로 친히 하늘로부터 강림하시리니 그리스도 안에서 죽은 자들이 먼저 일어나고 / 그 후에 우리 살아 남은 자들도 그들과 함께 구름 속으로 끌어 올려 공중

에서 주를 영접하게 하시리니 그리하여 우리가 항상 주와 함께 있으리라"(살전 4:16-17)

예수님이 다시 오시면 현 세상은 종말을 맞는다. 이때는 구원의 문이 닫히는 것이다. 구원의 문이 닫히면 다시는 열리지 않는다. 이미 던져진 주사위처럼 영생과 영벌만이 존재한다. 예수님이 오시기 전 믿는 자들은 영생(천국)이요, 믿지 않는 자들은 영벌(지옥)에 처한다. 영생을 얻은 자들은 상급의 심판이 있고, 영벌을 받을 자들은 불 못에 들어간다. 예수 믿다가 죽은 자들은 예수님 재림 시 무덤에서 깨어나 신령한 몸을 입고 부활한다. 또한 예수님 재림 시 살아있는 자들은 육신의 죽음을 격지 않고 신령한 몸으로 변화된다. 모두가 부활체로 공중에서 예수님을 영접하여 영원토록 함께 왕 같은 제사장으로 살게 된다.

"그러나 너희는 택하신 족속이요 왕 같은 제사장들이요 거룩한 나라요 그의 소유가 된 백성이니 이는 너희를 어두운 데서 불러 내어 그의 기이한 빛에 들어가게 하신 이의 아름다운 덕을 선포하게 하려 하심이라"(벧전 2:9)

"우리는 그의 약속대로 의가 있는 곳인 새 하늘과 새 땅을 바라보도다"(벧후 3:13)

만왕의 왕

만왕의 왕 내 주께서
신랑으로 오신다네.
만주의 주 내 주께서
심판주로 오신다네.

무덤 속에 잠자던 자
잠에서 깨어나고
신령한 부활체로
변화된 몸 입는다네.

공중으로 끌어 올려
주님 맞이하게 하니
둥실둥실 혼인잔치
영화로운 신부들이여!

환희의 천년왕국
새 하늘과 새 땅 이뤄
영원토록 내 주님과
행복하게 살아보세!

12. 빛의 자녀

"인자가 자기 영광으로 모든 천사와 함께 올 때에 자기 영광의 보좌에 앉으리니 / 모든 민족을 그 앞에 모으고 각각 구분하기를 목자가 양과 염소를 구분하는 것 같이 하여 / 양은 그 오른편에 염소는 왼편에 두리라"(마 25:31-33)

예수님이 재림하실 때 사람들은 두부류로 나누어진다. 목자가 양과 염소를 구분하는 것 같이 나누어, 양은 오른편에 염소는 왼편에 둔다. 오른편 양들은 예비 된 나라를 상속받고, 왼편 염소들은 예비 된 영원한 불에 들어간다.

오른편 양들은 믿음으로 하나님 나라를 위해 산 자들이요, 왼편 염소들은 믿음이 없이 자기의 욕심만을 위해 산 자들이다. 다시 말하면 양들은 믿음의 사람이고 빛의 자녀이다. 반면 염소들은 이방인들이며 어둠의 자식들이다. 다윗은 하나님과 성도의 관계를 목자와 양의 관계에 비유했다.

"여호와는 나의 목자시니 내게 부족함이 없으리로다 / 그가 나를 푸

른 풀밭에 누이시며 쉴 만한 물 가로 인도하시는도다 / 내 영혼을 소생시키고 자기 이름을 위하여 의의 길로 인도하시는도다"(시 23:1-3)

예수님께서는 나는 "양의 문"이며, "선한 목자"라고 말씀하셨다(요 10:7,14).

"도둑이 오는 것은 도둑질하고 죽이고 멸망시켜려는 것뿐이요 내가 온 것은 양으로 생명을 얻게 하고 더 풍성히 얻게 하려는 것이라"(요 10:10)

"나는 선한 목자라 나는 내 양을 알고 양도 나를 아는 것이 / 아버지께서 나를 아시고 내가 아버지를 아는 것 같으니 나는 양을 위하여 목숨을 버리노라"(요 10:14-15)

빛의 자녀들은 이웃을 위해 자기 자신을 희생하며 하나님의 뜻 안에서 살아간다. 반면 어둠의 자식들은 자기 욕심만 챙기고 자기 자신을 위해 살며 어려운 이웃을 돌보지 않는다. 아래 말씀처럼 살지 않는다.

"내가 주릴 때에 너희가 먹을 것을 주었고 목마를 때에 마시게 하였고 나그네 되었을 때에 영접하였고 / 헐벗었을 때에 옷을 입혔고 병들었을 때에 돌보았고 옥에 갇혔을 때에 와서 보았느니라"(마 25:35-36)

이런 자들이 오른편 양들이다. 반면 이웃을 위해 위의 말씀대로 살지 못한 자들은 왼편 염소들로써 영원한 불에 들어가라고 예수님은 말씀 하신다.

사실 천국은 믿음으로 가는 것이지만 성도들은 이 말씀 또한 마음에 새겨야 할 것이다. 하나님을 믿는 믿음이 있는 자라면 사랑을 실천하며 사는 자일 것이다.

"너희가 나를 사랑하면 나의 계명을 지키리라"(요 14:15)
"내 계명은 곧 내가 너희를 사랑한 것 같이 너희도 서로 사랑하라 하는 이것이니라"(요 15:12)

"또 누구든지 제자의 이름으로 이 작은 자 중 하나에게 냉수 한 그릇이라도 주는 자는 내가 진실로 너희에게 이르노니 그 사람이 결단코 상을 잃지 아니하리라 하시니라"(마 10:42)

예수님은 이 땅에 오셔서 섬기고, 베풀고, 살리고, 고치고, 가르치고, 낮은 자리에서 겸손하고 온유하게 사셨다. 제자들에게 허리에 수건을 두르고 손수 발을 씻기시는 본을 보여 주셨다. 빛의 자녀들 또한 예수를 닮아 세상에서 빛의 역할을 감당하며 살아야 한다. 세상 사람들에게 그리스도의 향기를 품어 내어 하나님께 영광을 돌리는 삶을 살아야 한다.

"영혼 없는 몸이 죽은 것 같이 행함이 없는 믿음은 죽은 것이니라"(약 2:26)

누구든 그 마음속에 예수 그리스도로 채워져 있다면 믿음과 행함은 자연적으로 나타나게 될 것이다. 예수 그리스도의 향기 또한 흘러나기 마련이다. 열매를 보고 나무를 알듯이 어떤 사람을 알려면 그에게서 나타나는 결과물이 어떤 것인지 보면 알 수 있다. 선한 사람은 선을 나타내 보이고, 악한 사람은 악을 나타내 보인다.

선을 행할 때는 오른손이 하는 것을 왼손이 모르게 하라는 말씀이 있다(마 6:3). 이는 은밀하게 보시는 하나님 앞에서 하라는 뜻이다. 자기 영광과 자기 의를 드러내면서 선을 행하는 자는 이미 자기 상을 받은 자이다. 그러므로 하늘 아버지께 받을 상은 없다. 또한 빛의 자녀들은 하나님의 영광을 드러낸다.

"그런즉 너희가 먹든지 마시든지 무엇을 하든지 다 하나님의 영광을 위하여 하라"(고전 10:31)

하나님을 기쁘시게 할 것이 무엇인지 시험해보라 하셨다(엡 5:10). 하나님을 기쁘시게 할 것은 믿음이다. 믿음이 없이는 하나님을 기쁘시게 하지 못한다고 하셨다(히 11:6). 모든 것이 빛에 의해 드러나나니 빛의 자녀들처럼 믿음으로 행해야 한다. 빛의 열매를 맺어야 한다. 빛의 열매는 모든 착함과 의로움과 진실함에 있다(엡 5:9). 매사에 하나님을 의식하고 임마누엘(하나님이 함께 하신다)의 삶을 산다면 빛의 자녀답게 사는 하나님의 영광이 나타날 것이다.

13. 간절한 믿음

"이는 제 마음에 그 겉옷만 만져도 구원을 받겠다 함이라 / 예수께서 돌이켜 그를 보시며 이르시되 딸아 안심하라 네 믿음이 너를 구원하였다 하시니 여자가 그 즉시 구원을 받으니라"(마 9:21-22)

구원은 위의 여인처럼 간절함으로 사모해야 한다. 열두 해 동안 혈루증을 앓았던 이 여인은 예수님의 겉옷자락만 만져도 병이 낫겠다는 믿음이 확고했다. 많은 사람들이 몰려들어 밀치고 밀치는 복잡한 틈새를 타고 끼어들 정도로 낫고자 하는 소망이 강했다. 사실 12년을 부정한 병자로 살았으니 그녀의 삶이 얼마나 처절했을지 짐작이 간다. 제자 베드로는 사람들이 너무 많아 밀치는 것이라고 말했지만 예수님은 자신에게서 능력이 빠져나간 것을 느끼고 "누가 내게 손을 댔느냐?"하시며 손댄 자를 찾으셨다(눅 8:45). 혈루증 여인은 자신의 병이 나은 줄 알고 예수 앞에 나아와 엎드려 사실을 숨김없이 말했다.

"딸아 안심하라 네 믿음이 너를 구원하였다 하시니 여자가 그 즉시 구원을 받으니라"(마 9:22)

이렇듯 예수님의 옷자락만 만져도 12년 된 병자가 나음을 받았다. 여기서 구원은 병에서 해방됨을 뜻한다. 병 또한 죄를 타고 들어온 것이 많다. 그러므로 많은 사람들이 죄 때문에 병든 경우가 많다. 그러나 어떤 병자든 예수 앞에 나와 죄를 회개하고 병을 아뢰면 이처럼 치료해 주시는 하나님이시다.

마가복음 2장에 침상에 누워있는 한 중풍병자가 등장한다. 무리들이 많아 예수 앞에 나갈 수가 없었다. 4명의 친구들이 지붕을 뚫고 병자의 침상을 매달아 예수 앞에 내렸다. 기발한 아이디어다. 예수님을 보기 위해 뽕나무(돌무화과나무)에 올라간 삭개오와도 같다(눅 19:4). 이처럼 예수님을 만나기 위해서는 간절한 힘을 써야한다. 예수께서는 그들의 믿음을 보시고 중풍병자를 고치셨다.

"예수께서 그들의 믿음을 보시고 중풍병자에게 이르시되 작은 자야 네 죄 사함을 받았느니라 하시니"(막 2:5)

옆에 앉아 있던 서기관들이 하나님 한분 외에 할 수 없는 죄 사함을 말하므로 예수님을 신성모독자로 여겼다. 이는 예수님을 하나님의 아들로 받아들이지 못한 결과이다. 그러나 예수님은 참 하나님의 참 아들로서 죄 사함의 권세가 있는 분이시다. 누구든 예수 앞에 나오는 자의 죄를 모두 용서하신다. 중풍병도 치료되고 죄 사함도 받고 천국백성으로 거듭나게 된 것이다.

"일어나 네 상을 가지고 집으로 가라" 하시니 중풍병자가 무리들 앞에서 상을 들고 나갔다. 사람들이 놀라며 하나님께 영광을 돌렸다.

지붕을 뚫고서라도 낫고자하는 간절한 믿음이 그를 병에서 해방했다. 네 친구들의 믿음을 보고서도 예수님은 역사하신다. 그러므로 주위에 어떤 사람이 함께 있느냐는 참 중요하다. 믿음의 사람과 어울리는 사람은 그도 믿음의 은혜를 누릴 것이요, 죄악의 사람과 어울리는 사람은 그도 그 죄에 전염되어 죄악 길에 빠지기 쉽다. 하나님의 은혜도 더러운 죄도 누룩과 같이 빠르게 전염된다. 그러므로 내가 처한 주위 환경은 신앙생활에 중대한 영향을 끼친다고 볼 수 있다.

마가복음 7장에서는 수로보니게 여인의 믿음을 볼 수 있다. 그 여인은 헬라인으로 수로보니게 족속이었다. 딸에게 귀신이 들렸는데 예수께 찾아와 귀신을 내쫓아 주기를 간구했다.

"예수께서 이르시되 자녀로 먼저 배불리 먹게 할지니 자녀의 떡을 취하여 개들에게 던짐이 마땅치 아니하니라 / 여자가 대답하여 이르되 주여 옳소이다마는 상 아래 개들도 아이들이 먹던 부스러기를 먹나이다"(막 7:27-28)

예수님은 이방인인 이 여자를 '개'로 표현했다. 성경적 '개'의 뜻은 믿음 없이 사는 이방인들을 주로 가리켰다. 그럼에도 이 여인은 개의치 않았다. 오히려 예수님의 욕된 말에 "옳소이다" 맞장구를 쳐주었다. 개처럼 부스러기라도 얻고자하는 간절함으로 예수님의 사랑과 자비를 확신하고 간구했던 것이다.

"예수께서 이르시되 이 말을 하였으니 돌아가라 귀신이 네 딸에게서 나갔느니라 하시매 / 여자가 집에 돌아가 본즉 아이가 침상에 누웠고 귀신이 나갔더라"(막 7:29-30)

열두 해 혈루증 여인, 지붕을 뜯은 중풍병자, 개 취급을 당한 수로보 니게 여인, 이들은 모두가 병에서 구원받고자하는 간절한 마음과 예수 께서 병을 치료해 주실 것이라는 확실한 믿음을 가지고 예수님을 찾았 다. 이와 같이 누구든 문제를 해결 받고자 하는 자는 간절한 마음과 믿 음으로 하나님께 나아가야 한다. 하나님께서 나의 문제를 반드시 해결 해 주실 것이라는 믿음을 가지고 행동했을 때 구원의 역사는 일어난다.

"나를 사랑하는 자들이 나의 사랑을 입으며 나를 간절히 찾는 자가 나 를 만날 것이니라"(잠 8:17)

"구하는 이마다 받을 것이요 찾는 이는 찾아낼 것이요 두드리는 이에 게는 열릴 것이니라"(눅 11:10)

14. 잃어버린 자

"예수께서 이르시되 오늘 구원이 이집에 이르렀으니 이 사람도 아브라함의 자손임이로다 / 인자가 온 것은 잃어버린 자를 찾아 구원하려 함이니라"(눅 19:9-10)

삭개오는 세리장이었고 부자였다. 예수께서 여리고로 지나가시는데 예수를 보고 싶어 돌무화과 나무(뽕나무) 위로 올라갔다. 돌무화과 나무 위로 올라간 것은 키가 작고 사람이 많아 예수님을 볼 수가 없어서였다. 예수님은 돌무화과 나무에 오른 삭개오를 쳐다보고 "삭개오야 속히 내려오라 내가 오늘 네 집에 유의하여야 하겠다"(눅 19:5)고 말씀 하셨다. 사람들은 수근 거렸다. 예수님이 죄인의 집에 유하러 들어갔기 때문이다.

그러나 예수님은 죄인을 구하러 오셨다. 삭개오도 아브라함의 자손이었다. 삭개오는 예수님을 만나 새 사람이 되었다. 자신의 소유 절반을 가난한 자들에게 나누어 주었으며, 또한 남의 것을 속여 빼앗는 일이 있으면 네 갑절이나 갚겠다는 믿음을 보였다. 이는 모세의 율법에 남의 것을 도둑질하면 네 갑절로 갚으라는 배상법에 기인한 뜻이다(출

22:1). 세리 삭개오는 죄를 행동으로 돌이켰다. 사람은 누구나 예수를 만나면 이러한 변화를 받게 된다. 당시 세리는 불법으로 세금을 부과해 폭리를 취했기 때문에 모든 사람들이 세리를 큰 죄인으로 취급했었다. 예수님은 이런 죄인들의 친구였다.

"예수께서 들으시고 그들에게 이르시되 건강한 자에게는 의사가 쓸 데 없고 병든 자에게라야 쓸 데 있느니라 나는 의인을 부르러 온 것이 아니요 죄인을 부르러 왔노라 하시니라"(막 2:17)

알패오의 아들 레위(마태) 또한 세리였다. 예수님이 마태와 함께하는 세리들과 함께 먹자 바리새인의 서기관들이 "왜 죄인들과 함께 먹느냐?"고 제자들에게 비난하며 물었다(막 2:16). 사람은 누구나 예수의 이름으로 죄 사함 받기 전에는 모두 죄인이다. 아니 사람은 누구나 태어나면서부터 원죄를 지니고 태어난 죄인이다. 그러므로 진정한 의인은 하나도 없는 것이다(롬 3:10). 인간이 완전한 의인이 될 때는 예수의 피 공로로 저 하늘 천국에 들어갔을 때이다. 이 땅에서는 예수님의 의를 덧입고 의인이라 칭함을 받을 뿐이다.

예수님은 죄 많은 인류를 구원하기 위해 십자가를 지셨다. 누구나 예수 앞에 나오지 않으면 죄 씻김 받지 못한다. 예수님은 "양의 문"이다(요 10:7). 양들은 문으로 들어가고 나오며 꼴을 얻는다. 사람들 또한 예수님을 통하지 않고는 하나님께로 나아가지 못한다. 하나님께 나아가지 못하면 구원의 은혜도 받지 못한다.

예수님이 십자가에 못 박히실 때에 예수님의 좌우편에 다른 죄수들도 같이 못 박혔다. 한편의 사형수는 흉악한 강도였으나 예수님을 영접하여 구원을 받았고, 다른 한편의 사형수는 예수님을 조롱하여 구원받지 못했다. 마지막 죽음의 문턱에서 천국과 지옥으로 나누어짐을 알 수 있다. 요지는 강도 같은 사형수도 예수께서는 그 믿음을 받으시고 구원하신다는 것이다. 그러므로 누구든지 제아무리 중한 죄인이라 할지라도 예수 앞에 나오면 새사람으로 거듭날 수 있다.

더러는 사람들이 "나 같은 죄인 괴수는 하나님이 용서하지 않을 것이야" 라고 말하기도 한다. 이는 절대 겸손한 말이 아니다. 지은 죄가 너무 커서 교회에 나가지 못한다고 말하기도 한다. 이는 아주 잘못된 생각이며 하나님 앞에 더 큰 죄를 범하는 것이다. 죄 사함 받지 못하면 죄가 그대로 남아 있어 그 죄로 인해 천국에 들어가지 못하고 지옥으로 가야한다. 사람은 큰 죄를 지으나 작은 죄를 지으나 하나님 앞에서는 모두가 죄인이다. 그러므로 모든 사람은 예수의 피 공로로 죄 사함을 받아야 한다.

"예수는 우리가 범죄한 것 때문에 내줌이 되고 또한 우리를 의롭다 하시기 위하여 살아나셨느니라"(롬 4:25)

"죄의 삯은 사망이요 하나님의 은사는 그리스도 예수 우리 주 안에 있는 영생이니라"(롬 6:23)

15. 능력의 믿음

"믿음은 바라는 것들의 실상이요 보이지 않는 것들의 증거니"(히 11:1)

많은 사람들이 천국을 보여주라고 한다. 그러나 믿음은 보는 것이 아니요 보이지 않는 것을 믿는 것이 믿음이다. 육안으로 보이지 않는 하나님을 보는 것처럼 믿는 것이 믿음이요, 보이지 않는 하나님을 저 천국에 이르러 볼 수 있기를 바라는 것이 믿음이다. 많은 선진들이 이러한 믿음으로 살았다.

히브리서 11장은 "믿음장"이라고 불린다.

아벨은 믿음으로 가인보다 더 나은 제사를 드려 의로운 자라 하시는 하나님의 제물의 증거를 얻었다.

에녹은 300년 동안 하나님과 동행하여 믿음으로 죽음을 보지 않고 하늘로 옮겨졌다. 에녹은 하나님을 기쁘시게 하는 자라는 증거를 받았다. 믿음이 없이는 하나님을 기쁘시게 하지 못한다(히 11:6). 무엇을 믿어야 하는가? 하나님께서 살아계심을 믿어야 하며, 누구든지 하나님을 찾는 자들에게는 반드시 구원의 은혜를 주시고 상주시는 이심을 믿어야 한다.

노아는 믿음으로 방주를 지어 의의 상속자가 되었다. 만약 노아가 방주를 짓지 않았다면 인류의 씨는 멸종되었을 것이다. 당시 의인은 노아뿐이었기 때문이다. 그러므로 홍수 이후의 모든 인류는 노아의 후손이다.

아브라함은 갈 바를 모른 채, 오직 믿음으로 하나님이 지시할 땅으로 나아갔으며, 몸의 기능이 죽어버린 것을 알고도 100세가 되어 믿음으로 약속의 아들을 얻었다. 사라 또한 믿음으로 잉태치 못할 몸에서 약속의 아들을 잉태하여 낳았다. 또한 아브라함은 자식이 하나도 없을 때 "네 자손이 하늘의 별과 같이, 해변의 무수한 모래와 같이 많을 것이라"는 하나님의 약속을 믿어 오늘날까지 이삭의 씨로 말미암아 믿음의 조상이 되었다. 100세에 얻은 외아들을 번제물로 바치라는 시험을 받았을 때 믿음으로 하나님께 드렸으니, 이는 이삭을 통한 네 자손이 하늘의 무수한 별처럼 많을 것이라는 하나님의 약속을 믿고 드렸으며, 또한 죽은 자 가운데서 도로 찾게 될 줄로 믿고 드린 것이다. 비유컨대 이삭을 죽은 자 가운데서 도로 받은 것이다. 이삭은 갈보리 십자가에서 제물로 바쳐진 예수님을 예표 한다.

"오직 한 사람을 가리켜 네 자손이라 하셨으니 곧 그리스도라"(갈3:16)

믿음이 없이는 하나님의 일을 할 수 없다. 믿음은 하나님 나라를 이루는 큰 능력이다. 성경에 기록된 하나님의 사람들은 모두가 믿음의 사람들이었다.

야곱은 믿음으로 12지파를 이루었고 믿음으로 가족 70인을 거느리고 애굽으로 내려가 장차 큰 민족을 이루게 했다. 요셉은 믿음으로 애굽의 총리자리에 올랐으며 믿음으로 하나님의 뜻을 따라 이스라엘을 고센 땅에 머무르게 했다.

모세는 믿음으로 상주시는 하나님을 바라보고 애굽의 모든 보화를 죄악처럼 버렸으며, 믿음으로 하나님의 족속 히브리인들을 애굽 땅에서 10가지 재앙을 통해 출애굽 시켰으며, 지팡이로 홍해를 가리켜 홍해를 갈라 백성들이 바다를 육지같이 건너게 하였으니 이는 모두가 믿음이 아니고는 이런 일이 될 수가 없는 것이다.

여호수아와 백성들은 믿음으로 요단강을 건넜으며, 믿음으로 칠 일 동안 여리고 성 주위를 하나님의 지시하심 따라 돌고 돌았으며, 마침내는 칠일 째 여리고 성이 무너져 승리로 이끄시는 하나님의 역사를 보았다.

여리고 성에 기생 라합 또한 믿음으로 이스라엘 정탐꾼 2명을 숨겨 살려내고 후에 이스라엘이 자기 땅을 점령했을 때 믿음으로 붉은 줄을 창에 매달아 순종하지 아니한 자와 함께 멸망당하지 않고 자기 자신뿐만이 아니라 가족 모두를 살려 내었다.

삼손은 마지막에 믿음으로 자신의 목숨을 걸고 블레셋의 다곤 신전을 무너뜨렸으며, 사무엘은 믿음으로 기도하고 백성들을 잘 다스렸으며, 또한 믿음으로 사울과 다윗에게 기름을 부어 나라의 왕으로 세웠다.

다니엘은 믿음으로 사자 굴에 들어갔으나, 하나님께서 굶주린 사자의 입을 막아주시므로 오히려 하나님께 영광이 되었다.

다윗은 믿음으로 하나님의 전을 지을 것을 준비하여 아들 솔로몬에게 넘겼으며, 솔로몬 또한 믿음으로 성전을 아름답게 지어 하나님께 봉헌했다.

사도 바울은 더 말할 것 없이 오직 믿음으로 복음을 위해 살았으며, 믿음으로 신약 성경 중 14권을 기록했다. 베드로, 요한, 야고보 등 12사도들 또한 말할 것 없이 믿음으로 복음을 전하다 다수가 천국을 바라보고 순교했다.

16. 피 흘림

"율법을 따라 거의 모든 물건이 피로써 정결하게 되나니 피흘림이 없은즉 사함이 없느니라"(히 9:22)

예수님은 십자가에서 피흘리심으로 인류의 모든 죄를 용서할 권세를 가지셨다. 피흘림이 없은즉 죄 사함이 없는 고로 예수님은 십자가에서 흘린 피 값으로 인간을 죄의 사망에서 의의 생명으로 옮길 수 있는 권세를 가지셨다. 아담은 하나님이 따먹지 말라는 선악과를 따먹음으로 하나님께 불순종하여 인류에게 죄를 몰고 왔다.

선악과는 선악을 알게 하는 나무의 열매로 따 먹을 시는 "반드시 죽으리라"고 말씀하셨던 것이다. 그런데 하와가 뱀의 꾐에 넘어가 먼저 선악과를 따먹고 함께한 아담에게도 주므로 아담 또한 선악과를 먹게 되어 죄를 지은 것이다. 결국 아담과 하와는 죄를 범하여 에덴에서 쫓겨나 오늘날 죄성을 가진 인류를 이루었다.

대표성의 원리로 인간의 시조인 아담이 죄를 지으므로 모든 인간은 죄인에 이르렀다. 아담의 죄가 인류에게 전가되어 모든 사람은 태어날 때부터 죄(원죄)를 지니고 태어난다. 인간의 마음에 죄의 본성이 자리

잡게 된 것이다.

죄를 지은 인간은 하나님과 단절되었고 육신은 언젠가 반드시 죽음을 맞게 되었다. 죄로 사망에 이르게 된 인간을 향해 하나님께서는 인간 재창조를 계획하셨다. 아담 한사람으로 인하여 인류가 죄인 되었듯이 둘째 아담인 예수 그리스도를 통하여 인류는 의의 옷으로 갈아입을 수 있는 것이다. 의의 옷으로 갈아입을 수 있는 근거는 십자가의 복음을 받고 예수 그리스도를 믿는 믿음이다. 창세기 3장 15절 말씀은 "원시 복음", 최초의 복음이다.

"내가 너로 여자와 원수가 되게 하고 네 후손도 여자의 후손과 원수가 되게 하리니 여자의 후손은 네 머리를 상하게 할 것이요 너는 그의 발꿈치를 상하게 할 것이니라 하시고"(창 3:15)

위의 말씀에서 "여자의 후손"이 바로 "예수 그리스도"이시다. 수천 년 후에 예수 그리스도께서 이 땅에 성육신하여 십자가에 죽으실 것과 부활하실 것을 예언하고 있는 말씀이다. 사탄이 예수님을 십자가에 못 박았지만 이는 고작 예수님의 발꿈치를 상하게 한 것뿐이요, 예수님은 십자가에 죽으신지 사흘 만에 사망 권세를 이기시고 부활하시므로 사탄의 머리를 깨부수는 승리를 가져왔다. 생명은 발꿈치에 있지 아니하고 머리에 있다.

에덴동산의 첫째 아담 한사람으로 인해 죄와 사망이 들어왔고, 그와 마찬가지로 이스라엘 베들레헴에 오신 나사렛 예수 그리스도, 곧 둘째 아담(마지막 아담) 한사람으로 인해 의와 생명이 들어온 것이다.

"기록된바 첫 사람 아담은 생령이 되었다 함과 같이 마지막 아담은 살려 주는 영이 되었나니"(고전 15:45)

"그런즉 한 범죄로 많은 사람이 정죄에 이른 것 같이 한 의로운 행위로 말미암아 많은 사람이 의롭다 하심을 받아 생명에 이르렀느니라 / 한 사람이 순종하지 아니함으로 많은 사람이 죄인 된 것 같이 한 사람이 순종하심으로 많은 사람이 의인이 되리라"(롬 5:18-19)

"뱀이 여자에게 이르되 너희가 결코 죽지 아니하리라 / 너희가 그것을 먹는 날에는 너희 눈이 밝아져 하나님과 같이 되어 선악을 알줄 하나님이 아심이니라"(창 3:4-5) "용을 잡으니 곧 옛 뱀이요 마귀요 사탄이라"(계 20:2)

뱀, 마귀, 사탄은 선악과를 따먹어도 "결코 죽지 아니하리라" 하며 "반드시 죽으리라"는 하나님의 말씀에 반하여 거짓말로 일냈다. 하와는 하나님 같이 되고자 하는 교만으로 뱀의 꾐에 넘어갔으며, 선악과를 본즉 먹음직하고, 보암직하고, 지혜롭게 할 만큼 탐스럽기도 하여 정욕을 이기지 못해 죄를 짓고 말았다. 오늘날도 자기 의지나 자기 뜻에 따라 하나님의 말씀을 거역하면 멸망을 초래하게 된다. 성경은 하나님의 말씀이다. 성경을 통해 구원의 길을 가르치고 있다. 죄로 죽은 인간을 예수 그리스도를 통해 재창조하여 죄를 짓기 전으로 회복시키시는 하나님의 사랑과 은혜를 거역해서는 아니 된다.

"한번 죽는 것은 사람에게 정해진 것이요 그 후에는 심판이 있으리니"(히 9:27)

사람이 죽은 후에 영혼은 천국과 지옥으로 나누어 가는 심판을 받게 된다. 하나님의 기록된 말씀을 받고 예수를 믿는 자는 그 믿음으로 의롭다 함을 받아 천국에 들어가고, 그렇지 않는 자는 지옥으로 가게 된다. 하나님은 모든 사람이 구원을 받아 천국으로 들어오길 원하신다.

"하나님은 모든 사람이 구원을 받으며 진리를 아는 데에 이르기를 원하시느니라"(딤전 2:4)

말씀은 진리이고 말씀은 하나님이시다(요 17:17; 1:1).
누구든지 교회로 나오는 자는 하나님의 말씀과 성령을 통해 진리의 길을 갈수 있도록 이끄신다.

"보혜사 곧 아버지께서 내 이름으로 보내실 성령 그가 너희에게 모든 것을 가르치고 내가 너희에게 말한 모든 것을 생각나게 하리라"(요 14:26)

17. 생명의 법

"너희 안에서 행하시는 이는 하나님이시니 자기의 기쁘신 뜻을 위하여 너희에게 소원을 두고 행하게 하시나니"(빌 2:13)

사람이 그 마음에 뜻을 품으나 성령의 사람은 성령께서 그의 마음을 주장하신다. 하나님께서는 사람의 마음과 생각을 통해 하나님의 일을 이루신다. 반면 가룟 유다는 예수님의 제자였으나 사탄이 그 마음에 예수를 팔 생각을 넣으니 그 생각대로 예수님을 은 30에 팔아 넘겼다(요 13:2; 마 26:15).

예수님은 이런 가룟 유다를 차라리 태어나지 아니하였더라면 자기에게 좋을 뻔 했다고 말씀 하셨다.

"인자는 자기에 대하여 기록된 대로 가거니와 인자를 파는 그 사람에게는 화가 있으리로다 그 사람은 차라리 나지 아니하였더라면 자기에게 좋을 뻔하였느니라 하시니라"(막 14:21)

이와 같이 성령의 사람은 성령의 생각을 받아 하나님의 일을 하고, 마귀의 사람은 마귀의 생각을 받아 마귀의 일을 한다. 성도는 성령의 생각과 마귀의 생각을 잘 구별하여 행동해야 한다. 성령의 생각은 영을 살리는 생각이요, 마귀의 생각은 영을 죽이고 멸망시키려는 생각이다.

쉽게 얘기하면 하나님의 말씀을 듣고 읽고자하는 마음은 성령의 생각이요, 기도하고 전도하고자 하는 마음은 성령의 생각이요, 선한 일을 하고자 하는 마음은 성령의 생각이다. 반면 말씀과 기도를 멀리하고자 하는 마음은 마귀의 생각이요, 예배에 나가고 싶지 않은 마음은 사탄이 준 마음이다. 거짓말을 하고, 속이고, 빼앗고, 폭력적인 일을 일삼는 사람은 마귀의 생각으로 사는 사람이다.

하나님의 생각은 하나님의 거룩한 속성을 담은 생각이요, 마귀의 생각은 사람을 죄악에 빠지게 하는 생각이다. 하나님은 자기의 생각을 성도들의 마음에 두고 행하신다. 마귀는 위의 가룟 유다와 같이 마귀의 자식들을 통하여 일한다. 사탄 마귀는 때론 광명한 천사로 과장하여 사람을 멸망으로 끌고 가기도 한다.

"하나님의 뜻대로 하는 근심은 후회 할 것이 없는 구원에 이르게 하는 회개를 이루는 것이요 세상 근심은 사망을 이루는 것이니라"(고후 7:10)

"육신을 따르는 자는 육신의 일을, 영을 따르는 자는 영의 일을 생각하나니 / 육신의 생각은 사망이요 영의 생각은 생명과 평안이니라 / 육신의 생각은 하나님과 원수가 되나니 이는 하나님의 법에 굴복하지 아니할 뿐 아니라 할 수도 없음이라 / 육신에 있는 자들은 하나님을 기쁘시게 할 수 없느니라"(롬 8:5-8)

많은 사람들이 육신을 좇아 산다. 또한 많은 사람들이 육신을 위한 일에 몰두하며 살아간다. 그러나 육신의 일은 하나님을 기쁘시게 할 수 없다고 하신다. 육신의 일은 참 생명을 주지 못하기 때문이다. 육신이 지치면 영적으로도 피곤하여 하나님의 일을 하기가 힘들다. 뿐만 아니라 하나님의 뜻을 잘 깨닫지 못하게 된다. 다시 말하면 육신의 일은 하나님의 음성을 잘 듣지도 못할뿐더러 하나님의 나라와 멀어져 사는 일이다. 하나님 나라는 쉼과 평안을 얻고 사는 나라이다.

하나님은 그리스도 예수 안에 있는 생명의 성령의 법으로 죄와 사망의 법에 있는 인간을 해방시키셨다(롬 8:2). 그러면 어찌하랴? 죄와 사망의 법에서 해방된 성도는 생명의 법, 성령의 법을 따라 살기 마련이다. 생명의 성령의 법으로 예수 안에 구원을 얻는 것이다. 이를 위해 내 안에 성령께서 조명하시길 기도하며 말씀 안에서 살아가야 한다. 어찌하면 구원에 이르는 회개를 할지, 어찌하면 성령을 근심시키지 않고 하나님을 기쁘시게 할지를 염두하며 살아야 한다.

"이 예언의 말씀을 읽는 자와 듣는 자와 그 가운데에 기록한 것을 지키는 자는 복이 있나니 때가 가까움이라"(계 1:3)

"하나님께 가까이 함이 내게 복이라"(시 73:28)

하나님을 가까이 하는 자란 하나님의 말씀을 가까이 하여, 말씀을 읽고 듣고 지키는 자이다. 예수님은 제자들에게 "너희가 나를 사랑하면 내 계명을 지키라"고 말씀하셨다(요 14:15). 하나님을 사랑하면 하나님의 계명을 지킬 것이다(요일 5:3).

복 있는 사람은?

"오직 여호와의 율법을 즐거워하여 그의 율법을 주야로 묵상하는도다"(시 1:2)

18. 불타지 않는 공적

"네 것이나 가지고 가라 나중 온 이 사람에게 너와 같이 주는 것이 내 뜻이니라"(마 20:14)

천국은 포도원에 품꾼을 들여보내는 것과 같다. 포도원 주인이 하루 한 데나리온(은전의 명칭)씩 품꾼들과 약속하여 포도원에 들여보내고, 또 제 삼시(오전 9시)에 나가보니 장터에 놀고 서 있는 사람들이 또 있어 포도원에 또 들여보내고, 제 육시(정오 12시)와 제 구시(오후 3시)에 또 나가보니 놀고 있는 자들이 있으므로 또 들여보내고, 제 십일시(오후 5시)에 나가보니 또 서 있는 사람들이 있는지라(마 20:1-5)

"이르되 너희는 어찌하여 종일토록 놀고 여기 서 있느냐 이르되 우리를 품꾼으로 쓰는 이가 없음이니이다 이르되 너희도 포도원에 들어가라 하니라"(마 20:6-7)

날이 저물매 포도원 주인이 나중 온 자로부터 시작하여 먼저 온 자까지 한 데나리온씩 삯을 주었다. 그런데 제 11시에 늦게 온 자들이 먼저 온 자들과 똑같은 삯을 받으므로, 먼저 온 자들이 주인을 원망하며 불평하였다. 늦게 들어와 1시간 밖에 일하지 않는 사람들에게 먼저 들어온 자와 똑같은 삯을 주므로 못마땅한 것이다.

"주인이 그 중의 한 사람에게 대답하여 이르되 친구여 내가 네게 잘못한 것이 없노라 네가 나와 한 데나리온의 약속을 하지 아니하였느냐 / 네 것이나 가지고 가라 나중 온 이 사람에게 너와 같이 주는 것이 내 뜻이니라"(마 20:13-14)

하나님의 뜻은, 교회에 늦게 들어 왔건 빨리 들어 왔건 모두 똑같이 천국에 들이는 것이 하나님의 뜻이다. 일을 많이 했건 적게 했건 교회에 들어온 자들은 모두 똑같이 구원하는 것이 하나님의 뜻이다.

상급 또한 하나님의 뜻에 달려 있다. 일을 제아무리 많이 해도 한 데나리온 주는 것이 하나님의 뜻이면 한 데나리온의 상급만 준다. 반면 일을 한 시간 밖에 안 해도 한 데나리온 주는 것이 하나님의 뜻이라면 하나님은 당신의 뜻대로 하신다.

"이 닦아 둔 것 외에 능히 다른 터를 닦아 둘 자가 없으니 이 터는 곧 예수 그리스도라 / 만일 누구든지 금이나 은이나 보석이나 나무나 풀이나 짚으로 이 터 위에 세우면 / 각 사람의 공적이 나타날 터인데 그 날이 공적을 밝히리니 이는 불로 나타내고 그 불이 각 사람의 공적이 어떠한 것을 시험할 것임이라 / 만일 누구든지 그 위에 세운 공적이 그대로 있으면 상을 받고 / 누구든지 그 공적이 불타면 해를 받으리니 그러나 자신은 구원을 받되 불 가운데서 받은 것 같으리라"(고전 3:11-15)

성도들은 예수 그리스도 터 위에 금, 은, 보석, 나무, 풀 짚과 같은 것으로 공적을 세운다. 마지막 날에 이것들을 불로 시험하여 그 세운 공적이 그대로 있으면 상을 받고 공적이 불에 타 없으면 상을 받지 못한다. 그러므로 나무, 풀, 짚과 같이 불에 타는 공적을 세우면 아니 된다. 공적을 세우려거든 금, 은, 보석과 같이 불 시험에도 견디는 공적을 세워야 한다.

그러면 불타는 공적은 무엇인가?

불타는 공적은? 사랑으로 하지 않는 것이다. 예수 이름으로 하지 않는 것이다. 자기 영광을 위해 하는 것이다. 자기 의를 드러내기 위해 한 것이다. 그러므로 무엇이든지 주께 하듯 사랑으로 해야 한다. 믿음을 가지고 진심으로 해야 한다. 또한 공적은 자기희생이 들어가야 한다.

예수님은 자신의 생명을 많은 사람의 대속물로 내어 주었다(막 10:45).

예수님의 십자가 죽으심의 희생이 아니었으면 어찌 구원을 받겠는가? 이와 같이 생명을 내어 주는 자기희생은 가장 값진 공적을 쌓은 것이다. 또한 예수님은 하나님의 본체시나 종의 형체를 지니고 이 땅에 사람들을 섬기러 오셨다. 베들레헴 마굿간에 가장 천하고 낮은 자리에 오셨다. 이와 같이 낮은 자리에서 예수님을 닮은 삶을 사는 자는 값진 공적을 세울 것이다.

"나는 마음이 온유하고 겸손하니 나의 멍에를 메고 내게 배우라 그리하면 너희 마음이 쉼을 얻으리니 / 이는 내 멍에는 쉽고 내 짐은 가벼움이라 하시니라"(마 11:29-30)

예수님처럼 온유하고 겸손함으로 일하는 자는 불타지 않는 공적을 쌓을 수 있을 것이다. 그러므로 무엇이든지 주께 나와 기도하고 배우고 일해야 한다. 마음의 평안을 얻고 내 안에 성령으로 인해 기쁨을 얻을 것이다. 나중 된 자가 먼저 되고, 먼저 된 자가 나중 된다고, 늦게 나온 자일지라도 진심을 다해 꾸준히 주를 섬기면 큰 공적을 세울 수 있을 것이다(마 20:16).

"선지자의 이름으로 선지자를 영접하는 자는 선지자의 상을 받을 것이요 의인의 이름으로 의인을 영접하는 자는 의인의 상을 받을 것이요 / 또 누구든지 제자의 이름으로 이 작은 자 중 하나에게 냉수 한 그릇이라도 주는 자는 내가 진실로 너희에게 이르노니 그 사람이 결단코 상을 잃지 아니하리라 하시니라"(마 10:41-42)

19. 팔복

예수께서 산에 올라 무리들에게 가르치신 팔복이다(마 5:1-12).

첫째, "심령이 가난한 자는 복이 있나니 천국이 그들의 것임이요"(마 5:3)

심령이 가난하다는 것은 마음이 하나님을 의지할 수밖에 없는 자를 가리킨다. 이 복은 물질적인 복을 가리키는 것이 아니요, 영적으로 복 있는 사람들이다. 다시 말해 외적인 복보다는 내적인 복이요 현세적인 복보다는 내세적인 복이다. 그러므로 심령이 가난한자는 예수를 믿고 마음에 천국을 소유하며, 이 땅에서 천국의 시민권자로 사는 자들이다. 마침내는 하늘 천국에 들어가는 복된 자들이다.

둘째, "애통하는 자는 복이 있나니 그들이 위로를 받을 것임이요"(마 5:4)

애통은 죄에 대한 애통이다. 죄를 회개하는 자는 하나님의 위로를 받게 된다. 죄를 회개하는 자는 복음을 통해 구원을 받고 참된 안식을 누릴 것이다. 그러므로 참된 위로는 복음을 통해, 하나님을 통해 받는 것이다. 이 애통의 복은 진정한 회개의 눈물이 있는 자에게 주어지는 영적 복이다.

셋째, "온유한 자는 복이 있나니 그들이 땅을 기업으로 받을 것임이요"(마 5:5)

온유한 자는 마음이 부드러운 자이다. 하나님의 말씀을 잘 받는 마음 밭을 가진 자이다. 그러므로 온유한 자는 하나님 뜻에 순종적인 사람이다. 하나님께 순종적인 사람은 사람과의 관계에서도 온유하다. 땅은 약속의 땅을 의미한다. 당시 이스라엘 백성들에겐 가나안 땅이 약속의 땅이었으나, 영적 이스라엘에겐 하늘 가나안 땅을 기업으로 주시겠다는 뜻이다.

"그러나 온유한 자들은 땅을 차지하며 풍성한 화평으로 즐거워 하리로다"(시 37:11)

"이 사람 모세는 온유함이 지면의 모든 사람보다 더하더라"(민 12:3)

넷째, "의에 주리고 목마른 자는 복이 있나니 그들이 배부를 것임이요"(마 5:6)

의는 하나님의 의이다. 하나님의 의를 향해 갈급해 하는 자는 복 있는 자이다. 또한 하나님의 의를 갈급해 하는 자는 하나님을 아는 자이다. 이런 자들은 참 목자 되신 예수 그리스도께서 생명의 떡과 영생수로 충만하게 채워 배부르게 하신다. 마침내는 완전한 의의 나라 저 천국에 이르러 영화롭게 영생할 것이다.

다섯째, "긍휼히 여기는 자는 복이 있나니 그들이 긍휼히 여김을 받을 것임이요"(마 5:7).

긍휼히 여긴다는 것은 죄를 용서해 준다는 뜻이다. 남이 내게 잘못하여도 동정과 자비를 베풀어 준다는 뜻이다. 이런 자는 자신도 하나님께 자비와 긍휼을 받는다.

"우리가 우리에게 죄 지은 자를 사하여 준 것 같이 우리 죄를 사하여 주시옵고"(마 6:12)

"너희가 사람의 잘못을 용서하면 너희 하늘 아버지께서도 너희 잘못을 용서하시려니와 / 너희가 사람의 잘못을 용서하지 아니하면 너희 아버지께서도 너희 잘못을 용서하지 아니하시리라"(마 6:14-15)

여섯째, "마음이 청결한 자는 복이 있나니 그들이 하나님을 볼 것임이요"(마 5:8)

마음은 지, 정, 의의 근원이다. 생명 또한 마음에서 난다(잠 4:23). 이 마음이 깨끗해야 하나님을 만날 수 있다. 도덕적으로도 깨끗해야 하며 영적으로도 성결해야 한다. 이런 자들은 오로지 하나님만 바라고 사는 자들이다. 마침내는 저 천국에 이르러 하나님을 볼 수 있는 복된 자들이다.

"모든 지킬 만한 것 중에 더욱 네 마음을 지키라 생명의 근원이 이에서 남이니라"(잠 4:23)

일곱째, "화평하게 하는 자는 복이 있나니 그들이 하나님의 아들이라 일컬음을 받을 것이요"(마 5:9)

화평은 '평화', '샬롬'(히브리어)의 뜻을 가진다. '샬롬'은 대인 관계에 우호적이며 하나님과 분쟁이 없는 관계이다. 화평하게 하는 자는 예수 그리스도시다. 예수그리스도는 하나님과 인간 사이에 제물이 되어 화평의 다리를 놓았다. 이와 같이 사람들 또한 하나님과 인간 사이에 복음의 중매자가 된다면 그는 예수 그리스도와 함께 하나님의 아들이라 일컬음을 받는다. 하나님의 아들은 하나님 나라의 상속자이다(롬 8:17). 예수님은 "평강의 왕", "평화의 왕"으로 이천년 전 이 땅에 오셨다(슥 9:9; 사 9:6). 다시 오실 때는 "만왕의 왕", "만주의 주"로 오신다(계 19:16).

"무릇 하나님의 영으로 인도함을 받는 사람은 곧 하나님의 아들이라"(롬 8:14)

여덟째, "의를 위하여 박해를 받은 자는 복이 있나니 천국이 그들의 것임이라"(마 5:10)

의는 역시 넷째 의와 마찬가지로 하나님 나라의 의이다. 복음 때문에, 예수를 믿는다는 것 때문에 박해를 받는 자는 하나님의 사람으로서 끝까지 하나님의 인도함을 받는다. 하나님의 인도하심에도 고난이 따를 수 있다. 그러나 이 땅에서의 고난은 장차 받을 영광과 족히 비교할 수 없다(롬 8:18). 이 땅에서 복음을 위해 순교하는 자는 천국에 들어가 최고의 영광을 누릴 것이다.

"사랑하는 자들아 너희를 연단하려고 오는 불 시험을 이상한 일 당하는 것 같이 이상히 여기지 말고 / 오히려 너희가 그리스도의 고난에 참여하는 것으로 즐거워하라 이는 그의 영광을 나타내실 때에 너희로 즐거워하고 기뻐하게 하려 함이라"(벧전 4:12-13)

20. 말씀으로만 하옵소서

"백부장이 대답하여 이르되 주여 내 집에 들어오심을 나는 감당하지 못하겠사오니 다만 말씀으로만 하옵소서 그러면 내 하인이 낫겠사옵나이다"(마 8:8)

마태복음 8장의 백부장은 이방인이었다. 그럼에도 믿음이 이스라엘 사람들보다 월등했다. 예수님은 백부장의 믿음을 보고 깜짝 놀라셨다.

"예수께서 들으시고 놀랍게 여겨 따르는 자들에게 이르시되 내가 진실로 너희에게 이르노니 이스라엘 중 아무에게서도 이만한 믿음을 보지 못하였노라"(마 8:10)

예수님은 이어 말씀하셨다. 이방인들이 아브라함과 이삭과 야곱과 함께 천국에 앉으려니와 이스라엘 본 자손들은 바깥 어두운데 쫓겨나 거기서 울며 이를 갈게 되리라고 말씀하셨다(마 8:11-12). 선민 이스라엘이라고 모두 천국에 들어간 것이 아니다. 이 말씀에서와 같이 누구든 예수를 믿는 믿음이 없으면 천국에 들어가지 못한다. 그러므로 누구든지 스스로 택함을 입은 자라고 단정 지어 구원에서 떨어지지 않기를 원한다.

당시에 많은 사람들은 예수님의 표적을 바랐다. 그러나 이 백부장은 예수님의 말씀의 능력을 믿었다. 예수께서 중풍으로 누워 있는 백부장의 하인을 "내가 가서 고쳐 주리라" 하셨으나 백부장은 "아닙니다. 말씀만 하시면 내 하인이 낫겠사옵나이다"라는 놀라운 믿음을 보였던 것이다(마 8:8).

"예수께서 백부장에게 이르시되 가라 네 믿은 대로 될지어다 하시니 그 즉시 하인이 나으니라"(마 8:13)

예수님은 백부장의 믿음대로 하인을 낫게 하셨다.

"내 이름으로 무엇이든지 내게 구하면 내가 행하리라"(요 14:14)
"그들에게 이르기를 여호와의 말씀에 내 삶을 두고 맹세하노라 너희 말이 내 귀에 들린 대로 내가 너희에게 행하리니"(민 14:28)

이스라엘 백성들은 출애굽 당시 가나안 땅에 들어가기를 거절했다. 그러나 여분네의 아들 갈렙과 눈의 아들 여호수아는 저들은 "우리의 밥이라" "들어가서 그 땅을 차지하자"고 믿음을 보였다. 하나님은 이들의 믿음대로 이루셨다. 여호수아와 갈렙은 가나안 땅에 들어갔고, 여호수아와 갈렙을 제외한 열 정탐꾼에게 동화된 이스라엘 백성들은 우리는 그들에 비하면 "메뚜기 같다." "들어가면 다 죽는다."라고 두려워 떨며 약속의 땅에 들어가기를 거부했다. 이들은 그 말대로 그 불신앙대로 광야에서 모두 죽고 말았다.

　오늘날도 이와 마찬가지이다. 천국에 들어가기를 꺼리는 자들은 천국이 있다고 제아무리 외쳐도 믿지 않는 자들이다. 반면 이 땅에서 복음을 위해 고난을 당할지언정 천국을 사모하며 천국의 시민권자로 살아가는 자들은 끝 날에 반드시 여호수아와 갈렙처럼 하늘 가나안 땅 천국에 들어갈 것이다.

　"사람이 마음으로 믿어 의에 이르고 입으로 시인하여 구원에 이르느니라"(롬 10:10) "누구든지 주의 이름을 부르는 자는 구원을 받으리라"(롬 10:13)

　말은 참으로 중요하다. 말은 내 육신을 통해 내 영이 말하는 것이다. 그러므로 하나님을 시인하는 말은 그 말의 믿음으로 하나님이 그 영을 구원하신다. 물론 행동 또한 말에 의해 믿음의 행동을 하게 된다. 말한 대로 행동도 나타나기 마련이다. 주의 이름을 찬양하고 높이는 자는 그도 하나님께서 높이실 것이다. 믿음의 말을 하는 자는 믿음을 소유한 자이며 불신앙의 말을 하는 자는 신앙이 없는 자이다. 그러므로 성도들은 하나님의 말씀을 소리 내어 읽고, 그 말씀 따라 하나님을 찬양하는 것은 매우 중요하다. 믿음은 점차적으로 성장하여 백부장 같은 큰 믿음에 이른다.

　"예수께서 이르시되 할 수 있거든이 무슨 말이냐 믿는 자에게는 능히 하지 못할 일이 없느니라 하시니"(막 9:23)

21. 예수 안에 생명

"말씀이 육신이 되어 우리 가운데 거하시매 우리가 그의 영광을 보니 아버지의 독생자의 영광이요 은혜와 진리가 충만하더라"(요 1:14)

말씀은 하나님이시다(요 1:1). 하나님이 인간의 몸을 입고 이 땅에 오신 것이다. 그 하나님은 우리 죄를 대신해 십자가에 피 흘려 죽으신 예수님이시다. 예수님은 근본 하나님의 본체시나(빌 2:6), 아버지의 뜻을 따라 이 땅에 오신 것이다. 또한 아버지의 뜻을 따라 십자가에서 피 흘려 죽으심으로 자신의 몸을 많은 사람의 대속물로 내어 주셨다(막 10:45). 결국 십자가에서 죽으신 예수님은 사흘 만에 다시 사시므로 사망 권세를 이기셨다.

"사망아 너의 승리가 어디 있느냐 사망아 네가 쏘는 것이 어디 있느냐"(고전 15:55)

예수님은 사망을 이긴 하나님이시다(2위, 성자하나님). 하나님은 아담 안에서 죽은 모든 사람을 예수 그리스도 안에서 살리셨다.

"아담 안에서 모든 사람이 죽은 것 같이 그리스도 안에서 모든 사람이 삶을 얻으리라"(고전 15:22)

그러므로 사람이 예수를 믿으면 죄와 허물로 죽었던 영이 그리스도 안에서 새 생명을 얻고(엡 2:1), 썩어질 육신이 죽으면 그 영혼은 천국으로 들어간다. 또한 예수께서 재림하시면 부활의 첫 열매되신 예수 그리스도를 따라 육체의 부활을 받게 된다. 그리스도 안에서 죽은 자들이 먼저 살아나고, 그 후 그리스도 안에서 살아 있는 자들도 신령한 몸으로 변화를 받아 휴거된다. 그러니 사망을 이기신 예수를 믿는다는 것은 죽어도 살고 살아도 사는 삶이다. 궁극적으로는 다시는 저주가 없는 나라에 들어가 영원토록 주님과 함께 살게 된다.

"예수께서 이르시되 나는 부활이요 생명이니 나를 믿는 자는 죽어도 살겠고 / 무릇 살아서 나를 믿는 자는 영원히 죽지 아니하리니 이것을 네가 믿느냐"(요 11:25-26)

예수 안에 생명이 있고, 길이 있고, 영생이 있다. 예수 안에 있는 자들은 죽어도 죽은 것이 아니요, 살리는 것은 영이니 육은 무익하다(요 6:63). 육은 이 땅에서 사는 동안 영이 육을 입고 사는 것이다. 사람의 호흡이 끝나면 육은 썩어지나 썩은 육신일지라도 주안에서 죽은 자들은 예수님 재림 시 육체 또한 살림을 받아 다시는 썩지 아니할 신령한 몸을 입게 된다.

"마지막 나팔에 순식간에 홀연히 다 변화되리니 / 나팔 소리가 나매 죽은 자들이 썩지 아니할 것으로 다시 살아나고 우리도 변화되리라 / 이 썩을 것이 반드시 썩지 아니할 것을 입겠고 이 죽을 것이 죽지 아니함을 입으리로다 / 이 썩을 것이 썩지 아니함을 입고 이 죽을 것이 죽지 아니함을 입을 때에는 사망을 삼키고 이기리라고 기록된 말씀이 이루어지리라"(고전 15:51-54)

예수 안에 있다는 것은 사람의 상상을 초월한 능력을 입은 것이다. 그날에 곧 마지막 날에 영, 혼, 육이 온전함을 입고 부활한다는 깊은 뜻이 있는 것이다.

그러므로 많은 사람들아!

예수께 가까이 나오라! 예수께 나와 참 생명을 얻고 은혜를 누리라! 구원의 은혜를 받고 진리 되신 하나님을 예배하라! 지금은 은혜 받을 때요 구원 받을 때라(고후 6:2). 거룩하신 하나님 따라 죄를 회개하고, 거룩한 삶으로 그리스도의 향기를 품어내라!

"평강의 하나님이 친히 너희를 온전히 거룩하게 하시고 또 너희의 온 영과 혼과 몸이 우리 주 예수 그리스도께서 강림하실 때에 흠 없게 보전되기를 원하노라"(살전 5:23)

예수님은 위로자요(고후 1:3), 평강의 하나님이요(사 9:6), 은혜와 진리가 충만하신 사랑의 하나님이라(요1:14, 요일 4:8). 모든 사람이 구원 받길 원하시는 하나님이시라(딤전 2:4). 아무도 멸망하지 아니하고 다 회개하기에 이르기를 원하시는 하나님이시라(벧후 3:9).

"그(예수)는 보이지 아니하는 하나님의 형상이시요 모든 피조물보다 먼저 나신 이시니"(골 1:15)

"예수께서 또 말씀하여 이르시되 나는 세상의 빛이니 나를 따르는 자는 어둠에 다니지 아니하고 생명의 빛을 얻으리라"(요 8:12)

22. 대한민국 사람들아!

대한민국 사람들아!

나 여호와는 말하노라. 진리 되신 예수와 함께 말하노라.

예수는 참 생명이요, 참 구주시라. 예수가 없는 생명은 헛될 뿐이요, 곧 멸망할 생명이라. 자유대한 대한민국은 피의 나라라. 많은 선진들이 피를 뿌려 일으킨 나라요, 예수 생명의 피로 언약된 나라라.

이 땅에 예수 복음이 들어와 나라는 힘을 얻었고, 백성들 또한 예수를 의지하여 잘 사는 나라로 발전 시켰느니라. 예수 안에 새 생명을 얻은 자들은 소망의 끈을 놓지 않았으며 부르짖는 신앙에 삶의 질도 상승했노라.

사람들아! 나의 사랑을 입은 대한민국 사람들아!

영생을 아느냐? 영생은 이 땅에서 사는 삶과 비교되지 않을 만큼 영원한 삶이라. 그러면 또한 영원한 세계가 준비되어 있다는 말이라. 지구가 크면 얼마나 크느냐? 지구는 나 여호와가 운행하는 아주 작은 공간에 해당될 뿐이라. 지구의 종말이 있다는 소식은 익히 들어 알겠지만 이미 가까이 왔느니라. 물론 지구 멸망 전에 인생의 종말을 맞이할 수도 있지만, 이러나저러나 종말이 오면 사람들의 영혼은 어디로 가겠느냐? 성경에는 물질세계가 큰 소리와 함께 불에 녹아질 것이라고 기록하고 있느니라.

"그러나 주의 날이 도둑 같이 오리니 그날에는 하늘이 큰 소리로 떠나가고 물질이 뜨거운 불에 풀어지고 땅과 그 중에 있는 모든 일이 드러나리로다"(벧후 3:10)

사람들아! 대한민국 사람들아!
지구가 뜨거운 불에 풀어지면 어찌되겠느냐?
그때 예수 안에 사는 자들은(죽은 자, 곧 잠자는 자 포함), 예비 된 천국에 있을 것이니라. 이전 것이 다 지나가면 새것이 오기 마련이니 새 하늘과 새 땅을 바라보는 자들은 영광의 빛을 보리라.

"그날에 하늘이 불에 타서 풀어지고 물질이 뜨거운 불에 녹아지려니와 / 우리는 그의 약속대로 의가 있는 곳인 새 하늘과 새 땅을 바라보도다"(벧후 3:12-13) "또 내가 새 하늘과 새 땅을 보니 처음 하늘과 처음 땅이 없어졌고 바다도 다시 있지 않더라"(계 21:1)

사랑하는 사람들아!
위의 일에 관심 없이 살다가 돌이킬 수 없는 화를 당하면 어찌하랴? 한번만 예수 앞에 나와 봐라. 나 여호와는 단한번이라도 예수 앞에 나온 자는 기억하고 천국으로 이끌기 위한 힘을 쓰리라.

대한민국은 여느 나라와 달리 특별한 나의 나라니라. 대한민국은 이스라엘과 같이 나의 사랑을 입은 나라라. 그러므로 대한민국 사람들은 나의 사랑을 특별히 입길 원하노라.

예수는 사람의 씨로 태어난 사람이 아니요, 성령으로 잉태되어 태어난 하나님의 본체시라.

"그는 근본 하나님의 본체시나 하나님과 동등됨을 취할 것으로 여기지 아니하시고 / 오히려 자기를 비워 종의 형체를 가지사 사람들과 같이 되셨고 / 사람의 모양으로 나타나사 자기를 낮추시고 죽기까지 복종하셨으니 곧 십자가에 죽으심이라"(빌 2:6-8)

하나님이 인간들을 사랑하사 육신을 가진 하나님의 아들을 이 땅에 보내었노라. 33세의 나이에 십자가에 죽으시고 부활 하시고 승천하였노라. 십자가에 죽으심은 죄로 인해 죽어 버린 인간들을 살리기 위해서 피 값을 죗값으로 치룬 것이니라.

사람들아! 허탄한 길을 가고 있는 사람들아!

이 사실을 알고 예수를 믿어 죄 사함을 받으라. 마지막 날에 너희들을 내가 살리리라. 죽지 아니할 몸으로 살리리라. 부활체의 신령한 몸으로 살리리라.

"나를 보내신 아버지께서 이끌지 아니하시면 아무도 내게 올 수 없으니 오는 그를 내가 마지막 날에 다시 살리리라"(요 6:44)

맺음말

첫 서적 "나의 사랑 나의 신부야"에 이어 두 번째 서적 "길과 이끄심"을 하나님의 은혜로 마친다. 첫 서적은 인생수기와 신앙을 통한 하나님의 메시지들을 담았으나, 이번에는 온전히 하나님의 말씀으로만 채웠다.

"길과 이끄심" 또한 성령의 영감으로 쓰였다. 그러므로 읽는 자들에게는 성령의 감동이 있으리라 믿는다. 또한 그렇게 기도하고 있다. 다만 독자들에게 한 가지 부탁할 것은 2장과 3장은 성령의 음성을 그대로 받아 쓴 것임을 염두하고 읽으시길 부탁하는 바이다.

사람이 성령과 연합되어 한 몸을 이루면, 뭐라 표현할 수 없는 신비로운 연합을 갖게 된다. 그러므로 이글 또한 하나님의 입장과 사람의 입장을 넘나들며 쓴 글이라고 할 수 있다. 어쩔 땐 하나님의 입장에서 냉철한 명령을 하다가도, 어쩔 땐 사람의 입장에서 부드러운 호소를 하기도 한다. 이점을 염두 해 읽으시기를 부탁드리며 하나님의 크신 은혜와 사랑을 입길 원한다.

"신임 받은 왕의 신하들"은 첫 서적 쓰기를 마치고 바로 이어 써두었지만, "은쟁반에 금 사과"와 "내 마음의 Star"는 5개월 후쯤인 2022년 7월 13일부터 쓰기 시작하여 한 달 후인 8월 16일 맺음말을 쓰게 되었다. 하나님의 이끄심 따라 써야 했으며 50편의 모든 제목들은 하나님의 말씀하심 따라 정해졌다. 표지 대제목과 세 개의 중간 제목 또한 하나님께서 원하신 대로 정해진 것이다. 또한 첫 서적에서와 같이 주님의 뜻에 따라 400여 편의 시 중 50편의 시를 이 책 뒤편에 이어 싣는다.

글을 쓰는 도중 어려움이 있었지만 어려운 10일간의 기간을 잘 극복하고 오히려 스피드하게 글을 잘 마칠 수 있었음에 무한 감사를 하나님께 드린다. 한편 한편의 글들은 복음을 우선적인 전제로 쓰였으며, 대체적인 핵심은 예수 앞에 나와 하나님을 잘 섬기고 영원한 나라 천국에 들어가기를 힘쓰라는 것이다.

모든 글을 마치고 나니 기쁨보다는 착착한 마음이 든다. 이는 글을 쓰기보다는 앞으로 알리고 전해야 할 사명이 크기 때문이 아닐까? 라는 생각을 해본다. 아무쪼록 하나님께 영광이 되기를 원하며 이 글을 하나님께 올려 드린다.

2022. 08. 16
부천 새기쁨교회 강단에서
신보은 목사^^.

제4장

시는 날개를 타고... 신보은 시

사계의 흐름 속에

소스라친 추위를 헤치고

따스함으로 손 내민 봄의 여왕도

슬며시 자취를 감추었다.

야호! 기지개를 펼치며

아름다움을 찾아 나서던

튤립 축제도 지났다.

아스라한 세월은

한 page의 추억을 남긴 채

오는 세월은 설렌 꿈을 knock 한다.

은근슬쩍 찾아온 무더위는

푸르름의 활기를 뻗으며

바야흐로 해변의 열기를 띄운다.

뚜렷한 사계의 좁은 땅에
점 하나 찍을까 하는 내 자리
다시 선선한 가을을 기다리며

그리스도의 푯대를 향해
영원한 평화를 노래하며
하늘의 시민권자로 살아간다.

사랑을 먹자

사랑을 먹고 사는 자들아!

하나님의 사랑을 먹자!

하나님의 사랑은 달리

신비롭고 고귀 하도다.

사랑이 없으면

삶의 가치도 무능해지니

사랑을 먹는 자들아!

하나님의 사랑을 느끼며 살자!

느끼지 못한 사랑은

그 사랑 알지 못해

어두운 주위를 물리치고

하나님의 빛 사랑 앞에 나가보자.

내안에 자리하던 사랑의 원수

미움과 다툼을 털어내고
시기와 질투도 털어내고
화평과 평안과 희락으로 채워지리라.

하나님의 빛 사랑은
상처로 얽힌 고된 인생을
고치시고 새롭게 하시니
하나님의 사랑을 먹으며 살자!

한 알의 밀알에게

당신은

이 땅의 아픔을

모를 줄 알았습니다.

왜냐면?

천사의 날개를

타고 오셨기 때문이죠.

무언가 아파하는

당신의 아픔에

내 마음도 아파옵니다.

어서 속히

즐거운 마음으로

돌이켜 주시길 간구했습니다.

얼마 남지 않는

보훈의 달을 이겨내고

새 달에는 큰 기쁨이 있기를...,

선물 주기를 좋아하고

어린 제자의 진심어린 사랑을 먹으며

밀알 학교의 한 알의 밀알!!

* 신보은 목사가 안소영 목사에게~♡

생령의 바람

바람이 분다.
옛사람을 갈아엎을
진리의 바람이 분다.

이기지 못할 바람에
데굴데굴 구르며
허물과 죄를 폭로한다.

한탄하며 애통하며
두 주먹 가슴을 치며
위로 받기를 거절치 못한다.

아아! 사망의 법이여!
예수이름 앞에 무참히 깨지니
건져낼 자 그 이름 예수라!

바람이 분다.

성령의 생령의 바람이

어제도 오늘도 세상 끝 날까지!

사랑의 노래

둘이 하나 된 신비로움

너는 나를 알고

나는 너를 안다.

네가 아플 때 나도 아프고

네가 슬플 때 나도 슬프고

네가 기쁠 때 나도 기쁘다.

원수들이 너를 덮치면

내가 너를 지켜냈고

가뭄에도 너를 배 곯지 않게 했지.

이제는 꽃길을 향해 가는 길

언제나 실망치 않을 것이며

천사도 너를 흠모 하리.

오가는 사람들은

예사롭지 않을 것이며

좋은 노래 흘러나게 하리.

임 있는 곳에

날아오를 수 있다면
한 마리 새가 되어
임 있는 곳에 날아 보리라.

먼 길 내다볼 수 있다면
내 눈 망원경 되어
임 있는 곳을 즐겨 보리라.

내 영 그곳에 머물 수 있다면
다시는 임 곁을 떠나지 않아
영원토록 함께 머물리라.

차가운 죄악의 시선도
무거운 죄 짐도 사라졌으니
언덕길 평지 되어 뛰어 오르리라.

도심 속 정원

포도 열매 주렁주렁
봉지, 봉지 싸였구나.

예쁜 꽃들 화려하게
이 모양 저 모양 피었구나.

고추나무 줄줄이
기다란 지지대를 세웠고

포도나무 그늘 아래
휴식 공간, 테이블 놓였네.

옹기종기 둘러 앉아
도란도란 찻잔의 풍경에

아름답도다! 사람의 지혜여!
옥상 위 푸른 숲, 새들도 반기네.

푯대를 향해

썩어져 가는 구습의
옛 사람을 버리고
하늘의 신령한 것을 찾아
새사람답게 살고 싶어라!

의와 진리의 거룩함
하나님의 형상을 따라
썩지 않는 위의 것을 찾아
새 피조물답게 살고 싶어라!

그러나 내 안에 존재한
두 사람의 나!
죄의 법과 성령의 법!
오직 성령의 도우심으로 살리라!

어제의 나와 오늘의 나!

뒤에 있는 것은 잊어버리고
앞의 푯대를 향해 달리는
오늘의 아름다운 나로 살고 싶어라!

그날을 생각하며
새 예루살렘 성을 향하여
장차 나나날 영광을 좇아
오직 영광의 주를 바라보며 살리라!

천상을 향한

따스한 봄 햇살도

유쾌한 음악도

나를 반겨 만족케 합니다.

천상의 소리를 듣고

커피 한잔을 들고

행복해 하는 영혼아!

만물이 주께로부터 왔으니

그 영광을 누리며

그 영광을 다시 송축하라!

아름다운 자연의 부요함도

천진스런 어린 마음도

멀어진 줄 알았건만...,

산골 소녀의 그 모습이
내 속에 잠재 되어 있음은
끊을 수 없는 세월의 연명이라.

그리운 고향의 향수 한 가닥이
그리운 천상의 소리로 변하여
내 속에 승화되길 기대하노라.

소리의 아름다움이여!
영혼을 울리는 악기가 되어
천상을 향한 치유의 역사 있으라!!

생사화복

모든 만물 인생들이
주로 말미암고 주께로 돌아가오니
인생사, 생사화복이 주께 있도다.

희로애락 모든 삶이
사나 죽으나 주님 손에 있으니
주는 창조주, 만유의 주시라.

대한민국도 주께 속하였고
각 나라 족속도 주께 속하였고
세계 만국이 주의 것이라.

하나님이 없다하여
자기 뜻대로 사는 자들은
영생을 누리지 못하나니

어이 할꼬 만민들아

하나님께 멀어진 자들아

속히 주께로 가까이 오라!

왕의 사랑 앞에

어김없이 주어지는 하루처럼
어김없이 커피를 드립하고
새로운 커피 상자를 여니
에디오피아 커피가 있네요.

애용하는 감사 유리잔에 담아
매혹적 빛깔을 훤히 들여다보며
부패한 인간의 마음을 훔쳐 볼 수 없음이
그저 감사로 다가오네요.

그러나 언젠가는
그 마음의 생각까지도 알게 되는
맑은 유리잔과 같은 날이
속히 이르기를 고대 합니다.

나의 사랑 나의 신부야 악보를

훤히 보이는 책장에 세워 놓고
틈새를 이용해 부르곤 하니
왕의 사랑이 나를 감싸옵니다.

사랑하는 나의 신부야!
너는 아니? 저 천국의 아름다움을…,
"어서 오라 내게로" 부르시는 음성 앞에
그날을 그리워하며 고대합니다.

무너지지 않을 반석

나는 잘한다고 하지만
내가 나를 지키지 못합니다.
훅 불면 힘없이 날아 갈
상한 갈대와 같습니다.
임의로 분 바람 앞에 노출된
호롱 불 등잔과 같습니다.

이를 얼마나 깨닫느냐란
나를 지키는 무기가 될 것이요
깨달은 만큼 강한 반석을
의지하기 때문입니다.
무너지지 않을 든든한 반석은
말씀에 기초를 두고 행하는 것입니다.

이천년 전 사랑의 꽃을 피운 반석은
우리의 마음에 성령으로 임하여

도우시고 지키시고 인도하시고
거센 풍랑에도 침몰되지 않게 하십니다.
마침내 환희의 나라
영생나무 아래로 불러 모으십니다.

내가 나를 지키지 못하거늘
초월하신 역사의 주인을 내 속에 모시며
혹여 잠시 연약함에 실패하여도
일어설지언정 낙망하지 않습니다.
실패의 발판을 딛고
더 강한 사명감으로 나아갑니다.

말하는 자연

꽃, 나무, 새 등
자연을 통한 기쁨은
이루 말할 수 없습니다.

에덴을 먼저 조성하시고
질서 질서에 따라
인간을 창조하신 하나님!

태초부터 인간들에게
자연을 선물 하시고
그를 통한 열매를 먹게 하셨습니다.

각양각색 꽃들과 향기
각양각색 새들과 노랫소리
각양각색 나무들과 열매

각기 종류별로 아주 많아

이름 모를 꽃들도 새들도

사람들에게 즐거움과 유익을 줍니다.

아름다운 자연을 통해

저 천국의 아름다움을

미리 맛보아 압니다.

꽃들도 말을 하고

새들도 나무들도

모두들 뭐라 말을 합니다.

분명 저 천국이 있다고...

분명 더 아름다운 자연이 있다고...

분명 조물주께서 기다리고 계신다고...,

오늘도 자연을 통해

스스로 있는 자, 자신을 계시하신

주 부활의 참예자로 살아갑니다.

사랑의 빛

사람들은 누군가 무언가를
사랑하며 살아갑니다.
사랑이 없는 사람은
마음이 메마른 사람입니다.

내 속에 사랑의 빛이
여전히 반짝거립니다.
이 빛은 생명의 빛입니다.
오래 전 내 마음을 사로잡은 빛!

그 빛은 신비로운 빛입니다.
그 빛은 은혜의 빛입니다.
그 빛은 영광의 찬란한 빛!
예수 그리스도의 빛입니다.

사랑의 빛은 은혜를 드리우고

나를 사로잡기에 충분했습니다.
저 하늘 생명수 흐르는 곳으로
쉼 없이 나를 이끄십니다.

따스한 손길

따스한 손길의 주여!
아버지의 마음을 담은 손길에
하늘의 신령한 복으로 채우소서!

손길을 받은 자여!
아름다운 그 손길 본받아
또 다시 흘러나게 하라.

유대인은 영적인 것으로
이방인은 물질적인 것으로
사도 바울을 통해 상호보완적이니

아~아~ 아름다운 형제들이여!
복음의 역사도 필요의 채우심도
주안에서 한 몸 된 연합이로다.

지체 중 하나가 아프면 함께 아파하고

지체 중 하나가 즐거우면 서로 즐거워하니

한 성령 안에 그리스도의 몸이라.

내 기쁨이 정녕

옥상에 가 보자
이른 아침 일찍
나의 멘토(mentor)님은
날 옥상으로 이끄신다.

어머나! 으하하~
전혀 생각지 못했건만
하루 만에 민들레꽃이
여기저기 피었네~♡

어제 벚꽃 구경 갔다
이른 감에 허탕 친
날 위로하심인가?
다른 꽃들로 충분 했는데...,

작년에 예쁘게 핀 철쭉이

올해는 피지 않아
실망한 날 위로함인가?
꽃기린도 피었는데...,

한 잔의 커피를 드립 해
다시 오른 정오의 따사로움
이제는 그분의 뜻을
척, 척, 잘도 파악한다.

내게 꽃을 보여 주고 싶어
밤새 기다리시다
이른 아침 노크하심은
내 기쁨이 정녕 그분의 기쁨이라.

왜 날 사랑하시나?

왜 날 사랑하시나?

왜 그토록 나를...

난 아무것도 모르건만

왜 날 사랑하시나?

무조건적 선택이라 배웠건만

분명 이유가 있을 것 같아

묻고 또 묻고 자꾸만 묻는데

주님, 왜 나 같은 자를...,

거슬러 올라가면

알아 볼 수 없도록

완전 부패 된 나였건만

왜 날 사랑하시나?

더 거슬러 올라가면

타락 전 나의 영혼은
어디에, 무엇이었기에
주님, 왜 날 사랑하시나요?

한계를 넘은 나의 궁금증은
다시 원점으로 돌아와
갈보리 십자가의 감사만이
나를 덮치도다.

돈, 사랑, 천국

돈 돈 돈 하는 사람은
돈에 현혹되어 죽고

사랑 사랑 사랑 하는 사람은
사랑에 미혹되어 죽고

천국 천국 천국 하는 사람은
천국으로 인도 된다.

눈먼 사랑도 눈먼 돈도
참 생명을 주지 못해

생명은 예수 그리스도!
오직 우리 주께만 있네.

하나님과 원수 된 세상을 좇아가면
참 사랑도 참 평안도 없으리.

쓴물을 단물로

은혜가 나를 덮치고
기쁨이 나를 덮쳐 오네.
무한한 영광속의 하나님이시라.

퍼 주시고 또 퍼 주시고
자꾸만 퍼 주시는데
마르지 않는 강물처럼 후한 분이시라.

구하는 자 얻을 것이요
찾는 자 찾을 것이요
믿는 자 받을 것이라.

능치 못함이 무엇이뇨?
게으른 자 믿음에 나가지 못하니
하루가 천년 같음 어찌할까?

네 믿음대로 될 것이라
홍해를 가른 영광의 삶도
쓴물을 단물로 바꾼 변화의 삶도!

불청객 상처

상처를 주고
상처를 받는 인생사
죄다 상처 받는 사람만 있고
상처 주는 사람은 없다하네.

수년의 나날들을 함께했던 인연도
하루아침에 상처만 남긴 채 떠나는데...,
마음의 상처를 다 흘러 보냈네 했건만
또 다른 상처가 불청객 침투함은 어쩜인가?

미처 막아낼 여유도 없이
둥지를 틀려하는 너는 누구냐?
애써 떠내려 하지만 잠에서 깨이면
마음 한 켠에 슬쩍 올라오는 그 녀석!

사랑이 미움이 되어

내 속에서 녹아지고 있느냐?

미움만이 녹아지고

사랑만이 확장 되어라!

아름다운 마음

사람의 마음도
꽃처럼 아름다우면
얼마나 좋으랴?

사람에게 자연에게
오로지 기쁨과 영광을
선사하는 마음으로...,

꽃이 되지 못한 마음들아!
다툼의 싹을 뽑고
예쁜 튤립 꽃씨를 뿌려보자.

상처로 인한 마음들아!
예수 그리스도로 색칠되어
사랑의 꽃으로 승화 되어라.

어둠이 슬쩍 차지하면
빛의 주인은 쇠약해지고
어느덧 남다른 주인으로 바뀌네.

아니 아니 이러면 안 되지
어서 네 마음을 고치라.
어서 네 마음에 환한 꽃밭을 일구라.

신비로운 교제

바울은 심었고
아볼로는 물을 주었으되
하나님께서 자라게 하심이라.

말씀 말씀이 영혼에 부딪쳐
생명의 양식이 되고
기도와 찬양으로 능력을 덧입네.

소나무 가지에 걸터앉은
두 마리 까치처럼 도란도란
주님과 나, 교제에 힘쓰네.

오늘은 무엇을 할까요?
서로 의논하고 답하며
도란도란 교제 속 즐거운 삶이라.

서로가 서로를 믿으며

둘이 한 몸 된 신비로움에

주님과 나, 마땅히 외길을 걷는다.

나는 심었고

아볼로는 물을 주었으되

오직 하나님께서 자라나게 하셨네(고전3:6).

복의 통로

생육하고 번성하라!
땅에 충만하여 땅을 정복하라!
모든 생물을 다스리라 하시니
에덴의 아담에게 주신 복이라.

생육하고 번성하라!
땅에 가득한 중에 번성하라!
노아와 그 아들들에게 말씀 하시니
인류는 이들을 통해 새롭게 시작되네.

큰 민족을 이루리라!
네 이름을 창대케 하리라!
너는 복이 될지라 하시니
아브라함을 통한 복이로다.

아브라함과 다윗의 자손

예수 그리스도를 보내시니
영접하는 자, 그 이름을 믿는 자는
하나님의 자녀의 권세라.

둘째 아담 예수 그리스도!
그는 살리는 영이라!
그를 통해 하나님께로 나아가
복을 받고 영생을 얻네.

어둠과 저주가 없는 나라
새 하늘과 새 땅으로 인도 되리니
성령의 충만, 충만한 기쁨이
물이 바다를 덮음같이 넘쳐나리라!

어린 시절의 봄

봄에는 꽃이 핀다.

각양색색 꽃이 핀다.

개나리, 진달래, 할미꽃...,

뒷산에 올라

진달래 꽃잎 입안 한가득

맛있는 간식인양 먹었지

시커먼 오돌개, 빠알간 산딸기

찔레를 꺾고 칡뿌리를 캐고

삐비를 뽑아 껌인 양 씹었지

산에 들에 솟아나는 것들로

아름다운 풍요를 채우니

만유 주 하나님 몰랐던 시절이라.

천상의 연주

봄비 내리는 고즈넉한 오후
잠시 책에서 눈을 떼고
기타 연주에 심취해 봅니다.

옆에 기타 연주자가 있다면
한 달여 동안 팔도를 돌며
노래하고 싶은 마음이 생깁니다.

봄비가 내리는 날이라면
훤히 보이는 바닷가 풍경을 보며
자연을 노래하고 싶어집니다.

여름이라면 파타야 산호섬
벤치에 누워 맑은 기타 연주를
듣고 싶고 그리워집니다.

천상의 호숫가에 이르면
생명과 스무디를 들며
아름다운 자연의 소리를 듣겠습니다.

내 삶의 다이어리

달리는 열차처럼
흐르는 강물처럼
세월은 빠르게 흐른다.

제동장치 없는 세월은
자꾸만 쉬고픈 나에게
오늘도 채찍질을 가하네.

천국은 침노하는 자의 것이라고
예수님의 다이어리 가만히 끄집어내어
밴친, 카친, 펫친에게 공유해 본다.

하얀 백지에 써 내려간 흑색 그림은
또 어느 누구의 영혼을 울리려나?
마음으로 빌어 믿음에 이르게 하네.

마음에 무딘 농기구는
꿈에 본 불기둥에 칼날을 갈고
따가운 햇볕 정오에는
잠시 구름기둥 그늘에 앉으려나?

언니야! 오빠야! 친구야!
나와 함께 천국을 침노하자!
복된 하늘 기업 얻어 보자 하나
깨달음 받지 못한 이들에겐
나의 마음만 애타오네.

세월을 아끼라는 말씀 앞에
부르시고, 고치시고, 가르치시는
예수님의 공생애 다이어리 흠모하며
나도 그 같은 다이어리 남기고자 힘쓰네.

지금 잠시 당한 슬픔도 고난도 애통함도
장차 받을 영광 앞에 물거품 되리니
언젠가는 그 문 앞에 이르러
어깨동무 부둥켜안을 날 머지않았네.

하루하루

하루하루, 한 달 한 달
주님의 은혜로 살아가는 인생
주님의 예정된 시간 속에
주님 안에선 모두가 은혜입니다.

틀어진 계획도 은혜요
잘 이어진 계획도 은혜요
우리가 계획할지라도 그 걸음을
당신의 뜻대로 인도하십니다.

월세의 억압에서 풀리는 날이면
기분은 상승되고
공과금이 모두 지불되고 나면
또 한 달의 여유로운 마음이 생깁니다.

의식주의 안정이 보장되면

욕구단계는 상승하여

신과의 평안한 교제에 들어가

가치추구 단계에 뛰어듭니다.

장애인의 권리를 보장하라는

어수선한 지하철 시위에

피해를 입은 시민들의 언성

혼란한 이 사회는 어디로 가는 걸까?

그러나

무질서 속에 질서 함으로

하루하루, 한 달 한 달

현 사회는 잘도 흘러갑니다.

아침을 여는 시

싱그러운 아침
상쾌한 기분이 든다.
간밤의 어둠도
오는 태양을 막지 못했다.

오늘도 은혜 안에
주의 사랑을 바라며
주의 은총을 바라며
주를 향해 마음을 연다.

이 땅의 평화로움도
내 안에 평안함도
주님의 사랑과 공의 안에
순적하게 흐르기만을 원한다.

인생의 종말도

세계의 평화도

한 성령 안에 이뤄지리니

오직 그리스도의 영이시라.

아침 햇살처럼

비온 뒤 맑은 햇살
온 세상이 빗물에 씻겨나고
저 하늘 속까지 훤히 보인듯하다.

몹쓸 전염 균도
쏟아지는 빗물에 씻겨
모두 떠내려갔을 것만 같다.

창문 열린 베란다에 앉아
흘러간 구름 속을 쳐다보며
신선한 공기를 연거푸 들어 마신다.

믿음도 소망도 사랑도
저 구름에 띄워 전달되려나?
천사의 움직임을 볼 수 있으려나?

햇살처럼 맑은 칠월 첫날

내 마음도 훤히 들여다보실

감찰하시는 하나님을 생각한다.

부르심의 응답

나의 사랑 나의 신부야!
헤아림 없는 부르심의 음성에
오늘도 주님의 사랑을 먹습니다.

날 향하신 그 사랑을
어찌 다 알 수 있으랴마는
그분의 사랑을 능히 느낍니다.

행여나 다칠 새라
행여나 아플 새라
행여나 우울할 새라

이리저리 살피시는
불꽃 같은 눈동자로
나를 향한 생각도 많으십니다.

험난한 길을 갈 땐

내 앞길을 헤쳐 주시고

미리 예비하신 힘을 주십니다.

나의 아름다운 사랑아!

부드럽고 따뜻한 음성에

오늘도 함께 가기를 요청했습니다.

영원의 삶

하나님의 빛이 달린다.

성령의 빛을 입고 달린다.

은혜의 빛을 입고 달린다.

어둠도 정욕도 사라지고

하나님의 뜻만이 달린다.

영원의 세계를 향해 달린다.

하나님의 뜻을 이루는 자만이

영원하고 영원하다.

영원하신 하나님과 함께도다.

사람들아!

영원을 생각해 보느냐?

영원히 사는 세계를...,

나그네 인생 길 지나면
영원의 삶이 펼쳐지리니
생각하라! 준비하라!!

준비 된 자만이
하나님의 뜻대로 산 자만이
믿음으로 의로워 영원히 살리라!

엘리 엘리

갈보리 주 십자가!
썩은 나를 살렸네.
죽은 우리를 살렸네.

저주의 가시관!
저주 나무, 언덕길 오르고
채찍에 맞아 쓰러지네.

냉혹한 갈고리 채찍
찢겨 나온 살과 피
생명의 은혜로 내려오네.

마시고 먹어야 사네.
참된 음료, 참된 양식
갈보리 고난의 그 십자가!

엘리 엘리!

아버지도 차마 볼 수 없어

외면한 그 고통의 십자가!

다 이루었다.

그 더러운 죄 덩어리

모두 모아 단번에 불태웠네.

봄비

봄비를 좋아하네.
삼라만상의 식물들은
움이 트고 생기를 얻네.

창문에 부딪쳐 앉은 빗방울에
반가움을 업고
싱그러움을 놓았도다.

어릴 적 봄은
들로 산으로 뛰어 올라
푸르름을 채취 했건만

눈과 코 감각의 봄을 느끼네.
나무 위에 뾰루룩 올라오는
새순 향기의 감각을...,

싱그러운 봄비는

기쁨의 눈물로 흐르고

메마른 만물을 촉촉이 적시어

나무들의 몸을 씻기고

거친 땅에도 생기를 주며

솟아나는 우물은 힘을 발하도다.

일어나라

세월이 달린다.

인생도 달린다.

모두들 앞을 향해 달린다.

급히 달리다 넘어지기도 하며

잘 달리어 높이 오르기도 하며

넘어지면 주저앉아 버리기도 한다.

다시 시작하는 자는

새 힘을 얻으나

포기하는 자여 어찌할꼬?

만물이 주에게로 왔다가

주에게로 돌아가노니

승리하는 자는 상급을 얻으리라!

자녀들아!

올 때와 갈 때가 다르니

갈 때를 준비함이 복이라!

달려가자 저 영원한 세계로!

일어나라 함께 가자!

무지갯빛 찬란한 빛 속으로!

사랑의 물결

예수님 잡히시던 날
모든 제자들이 떠났다.

수제자 베드로는
세 번 맹세 저주하여 부인하고
홑이불을 벗어 버린 채
알몸으로 떠난 제자도 있었다.

나를 잡아가되
이들은 가게 하라 하신 주님!
훗일을 도모하며
모든 것을 홀로 감당 하셨다.

한 알의 밀알이 되어
거대한 왕국의 열매로...,

아~ 아~

십자가 사랑의 물결이여!

영원히~ 영원히~

아름답게 보존되고 타올라라

붉은 피!!

언약의 생명의 피!!

꽃과 나비

꽃이 좋아 꽃잎 위에
살포시 내려앉은 나비!
간지러움도 모른 채
살포시 끌어안는 꽃!

천생연분처럼
서로 서로 수용하여
보는 이 감동을 자아내는
한 쌍의 붉은 꽃과 검은 무늬 나비여!

꽃이 먼저니?
나비가 먼저니?
어느새 둘은 하나 되어
시너지 효과를 보이니

꽃처럼 아름다우면

나비가 찾아오려나?

젊음의 아름다움도 사그라지고

마음이나마 아름다우랴!

나그네 인생의 회유

열광적으로 달아올랐던
5월의 장미도 지고
낮의 길이가 가장 긴
하지도 지났다.

뒤돌아보면 아쉬움도 남고
앞을 내다보면 까마득하나
어디 주어진 삶이 내 것이었던가?
과거도 미래도 임마누엘을 믿으며

미스바와 센 사이에
도움의 돌 세운
사무엘 선지자의 신앙처럼
에벤에셀을 외쳐본다.

장미는 다시 피고

하지도 다시 오지만

한번 지난 내 인생 오지 않아

현실에 충실한 삶 살고자 하네.

하루의 축복!

아침에 일어나

밴친들의 하루를 축복한다.

오늘도 맑음!

오늘도 Happy day!

말씀과 찬양과

시와 음악을 전한다.

오늘은 좋은 일이 있기를...

오늘도 여전히 평안하기를...

점심과 저녁엔

즐거운 식사를 권하며

차 한 잔의 여유도

잊지 않고 권해본다.

한없이 퍼주고 싶고
한없이 품어 주고 싶지만

어쩔 수 없는 걸림돌은
이 땅의 유한한 한계라.

예수 이름뿐이라

두려워 말고 믿기만 하라!
달리다굼!
소녀야 일어나라!

죽은 자를 살리실 줄
왜 모르느냐?
창조주께서 살리신다.

예수는 그리스도!
예수는 하나님의 본체!
하나님께서 인간으로 오셨다오.

그의 옷자락만 잡아도
열두 해 혈루증이 낫고
야이로의 죽은 딸을 살렸다오.

다윗의 자손 예수여 부르짖는

맹인의 눈을 뜨게 하시고

열 명의 문둥병자를 단번에 고치시고

무덤가의 군대 귀신을 내쫓아

이천 마리의 돼지에게 보냈으니

부정한 돼지는 바다에 몰사했도다.

이런 일을 할 자 뉘시뇨?

오직, 예수 이름뿐이며

죽은 우리도 살리신 분이시라.

참 안식

에덴과 인간을 창조하신 주
엿새 동안 일하시고
이렛날 쉼을 가지셨네.

쉼은 무엇인가?
하나님과 아담이
에덴에서 함께 즐거웠건만

죄로 인해 에덴에서 쫓겨나
죄로 인해 땀 흘려 일하고
죄로 인해 참 안식을 잃었네.

인자는 안식일의 주인이라.
안식일에도 잃은 생명을 살리시고
영원한 안식을 예비 하시도다.

그 이름, 그 인자가 뉘시뇨?
길이요 진리요 생명 되신
주 예수 그리스도시니

그 이름 믿는 자는
새 예루살렘에 들어가
영원한 쉼을 얻으리라.

빗길

주루룩 주룩 주룩
쏟아지는 빗방울은
그동안의 가뭄을 해갈하듯
거침없이 내리 퍼붓는다.

어김없이 찾아온 장맛비인가?
오늘은 되었으니
내일부턴 살살 부어라
애지중지 키운 농작물 다칠라.

빗속의 여인은
비를 즐겨 보지만
내리치는 빗줄기는
인정사정 없구나!

비바람에도 갈 길을 향해

미움 없이 가는 사람아

서로가 서로를 품으며

함께 가는 빗길의 발걸음

퍼부어도 괜찮아

때려 쳐도 괜찮아

비와 사람 친구 되어

빗속의 여인은 악천후 속 천사인가?

꿈의 그림

흰 도화지에
꿈을 그린다.
하나, 하나
내 마음에 놓았던 꿈!

부흥회도 그리고
콘서트도 그리고
큰 버스를 타고
야유회 가는 장면도 그린다.

책을 쌓고
CD를 쌓고
왕왕 거리는
기도회도 한쪽에 그린다.

전도하는 모습과

봉사하는 모습도 그려내고
집을 짓고
교회 짓기를 그린다.

큰 꿈을 그린 자만이
큰 꿈을 이루지 않겠는가?
하나님은 크신 분이시니
나도 크게 놀아 보련다.

칠월의 새 아침

쏟아지는 장맛비 속에서도
까마중이 까맣게 익었다.
각종 야채들이 수난 중에도
먹음직스럽게 잘 자랐다.
항암제로 쓰는 개똥 쑥은
더욱 가지를 치며 영역을 넓혀 간다.

맑게 게인 맑은 하늘을 쳐다보며
맑은 미소를 지어 본 새 아침!
어느덧 한해의 절반을 넘긴 아쉬움 속에
또 남은 절반의 새로운 삶을 꿈꾼다.
혼자 가는 외로운 삶이 아니요
함께 어우러 새 삶을 나누길 원한다.

빛바랜 희미한 추억일랑 뒤로한 채
오가는 사람들의 아픔을 어루만지며

어색하지 않는 일상적인 복된 삶이길...
6집과 7집의 음반을 찍어 내고
시집의 출간을 계획해 본다.

주님의 은혜가 아니면 어찌 하리요
주님의 계획이 아니면 어찌 꿈꾸리요
주님의 영광이 아니면 어찌 기쁘리요
주님의 이끄심이 아니면 어찌 나아가리요
주님의 능력이 아니면 어찌 성장하리요
범사에 감사하며 기도를 멈추지 않으리라.

하나님 손에 있잖소

나라의 경계를 정하신 이도 하나님이시오.
각 나라의 주관자도 하나님이시라.

앗수르가 북이스라엘을 삼키고
승승장구 할 것 같았는데 아니잖소.

바벨론은 무너지지 않을 강국이라
장담했지만 그것도 아니잖소.

페르시아 헬라 그리스는 어땠소?
로마는 또 어땠소?

이 모든 나라를 참 신 하나님께서
흥하게도 하시고 망하게도 하시잖소.

예루살렘 성전을 불태우고

택한 백성을 끌어간 바벨론은 의로웠소?

그래봤자 하나님께서 허락하신 기간은
고작 70년, 하나님의 짧은 기간이라오.

이겼다고 자랑할 것이 아니요
이기는 것은 진리 안에 있는 것을...,

대한민국의 흥망성쇠가
하나님 손에 있음을 잊지 마라.

불의를 행하는 자는
자기 꾀에 엎어질 것이며

진리를 위해 서고 자 하는 자는
하나님께서 높이시리라!

부활의 참예 자

우리는 이겼습니다.
피의 십자가를 잡고
우리는 이겼습니다.

사망이 쏘는 것은
죄와 죽음 뿐, 우리는
부활의 참예자로 승리했습니다.

예수 십자가에 내 육이 죽고
예수 십자가에 내 죄가 죽고
예수 십자가에 내 의가 살았습니다.

의는 천국 생명을 부르고
십자가의 고통으로 쏟은 보혈이
천국시민의 부활의 영광이 되었습니다.

위대하신 아버지의 사랑으로

첫째 아담이 부활의 생명을 얻고

둘째 아담은 만백성을 살리었습니다.

이제 부활의 권능을 힘입어

천국 시민권자로 살면서

온전한 천국 백성으로 준비되어 갑니다.

의와 영광이 있는 곳

새 하늘과 새 땅을 바라 볼

영의 눈이 열렸습니다.

썩을 육이 죽고

썩지 아니 할 신령한 몸을 입어

온전한 나라에서 영원히 살 것입니다.

부활의 길

죽음을 이기시고
부활의 영광을 온 몸으로
승천과 성령강림을 향해 갑니다.

신령한 부활체를 입고
여인들과 제자들에게 나타나신 주!
정녕 다시 사신 승리의 선구자이십니다.

평강이 있을지어다.
하늘 평안을 내리시고
영생의 부활의 길을 여셨습니다.

엠마오로 가는 두 제자에게
눈을 열어 부활의 실체를 보이시고
세상을 향하던 길을 돌이키셨습니다.

디베랴 호수 일곱 제자들에게

"얘들아 고기가 있느냐?"
"그물을 배 오른편에 던지라"

밤새 아무것도 잡지 못하였으나
그물을 들 수 없이 153마리 걸리니
이제야 "주님이시라" 알아봅니다.

숯불을 피워
떡을 굽고 생선을 구워
"와서 조반을 먹으라" 하십니다.

세 번 부인한 제자 베드로에게
"네가 나를 사랑하느냐?"
"내 양을 치라" 하십니다.

정녕 용서와 화평의 길을 내시고
예루살렘을 떠나지 말고
약속한 것을 기다리라 하십니다.

지금도 그 약속한 것을
받지 못한 영혼들에게
참고 기다리고 기다리십니다.

기다림

기다림에 익숙해져 있음은

많은 날들을 기다렸기 때문입니다.

기다림에 지루하지 않음은

할일 없는 기다림이 아니기 때문입니다.

기다림에 외롭지 않음은

혼자만의 기다림이 아니기 때문입니다.

기다림에 울지 않음은

기다림 속에 기쁨이 있기 때문입니다.

기다려야 함은

구름기둥이 멈춰 있기 때문입니다.

그러나

진정한 때를 기다립니다.

움직여야 할 때
가야할 때를 기다립니다.

기다릴 때와 가야할 때를
알고 행하는 자는 복된 자입니다.

옥상 가족

금빛 비둘기

고추잠자리

까가가각 까치

끼익 끼익 직박구리

쨱쨱쨱 참새

팔랑팔랑 흰나비, 검은 나비

모두가 옥상 가족

콘크리트 바닥위에

뭐 먹을게 있겠노?

쌀 한 줌 뿌려 놓건만

겁 많고 약삭빠른 참새는

앗, 들켰다 싶어

잽싸게 도망가고

금빛 비둘기 차지되었네.

찍새 별칭의 직박구리
좋은걸 아나?
애틋이 키운 까마중에만
들락날락 거리네.

죽은 소나무 가지에
너도 한번 나도 한번
번갈아 걸터앉아 보고
부끄러운지 주인 눈길 피해 날아가네.

모이를 쪼아 먹던
금빛 비둘기가
오늘은 짝을 데려오니
아이 좋아라 반가워라~♡

사랑의 미로

자꾸만 닮아간다.
내 영혼의 갈망이 있는 곳으로

나도 모르게 흘러간다.
내 영혼의 사랑이 있는 곳으로

보이지 않는 무언가의 이끄심
나와 함께하신 그분의 사랑이라.

저마다 소신과 확신에 찬 모습이
어쩌면 그 사랑을 막을 수도 있으리.

나는 나를 죽이고
내 영혼의 안식을 소망 하오니

아아! 사랑의 미로여!

영혼의 생존의 길로 날 인도하라.

빛과 어둠의 회색지대 갈림길에
광명한 천사도 널 도우리.

꽃잎의 가르침

꽃 파는 아저씨인가 했건만

파는 것이 아니요

필요하면 서너 뿌리 가져가라네.

염치불문, 얼른 가져와

하얀 화분에 옮겨 심으니

어쩌면 그리 예쁜 꽃을 피울까?

넌지시 말을 건네 본다.

얘야! 어쩌면 그리 예쁘니?

사람들의 마음도 너처럼 예쁘랴?

아름답고 순수한 꽃잎 앞에

내 마음도 깨끗하길 원하네.

너와 나 친구이면 깨끗해야겠지.

내 옆에 그렇게 꾸준히 피어

나를 가르치고 깨우치려무나

내 눈은 자꾸만 너를 향해 있으리.